新装改訂版

味と料理の約束

失敗してつかむ料理の基本

田口道子

三月書房

愛と知と和で

赤堀栄養専門学校校長
赤堀　全子

田口先生は高校を出られて、すぐ自分の歩む道を料理の先生になろうと決心され、知人の紹介で赤堀割烹本教場に入門されました。

当時は私の両親がおりました時代なので、料理教師になるための修業をされました。私の学校では技術のみなので、香川先生の学校の試験をうけて二年間あちらの学校で栄養士としての勉学を終えて、今は目白の赤堀栄養専門学校の調理師主任として、生徒の指導にあたられております。

このたび先生が自身の研究、体験をされたことを一冊の本にまとめられたので目を通しました。私はその努力を嬉しく思いました。

赤堀には長い伝統と歴史があり、明治十五年に料理教室を創設したのは私の曾祖父赤堀峯翁で、この峯翁の料理の基本として残された言葉が代々伝えられております。

一に味　二に色どり　三に盛り方

料理はまず美味でなくてはならない。素材の美味なのは、しゅんの新鮮な味。日本には世界にない四季がある。この時期に出盛る魚、野菜、果物こそ、しゅんの味。現今は農業も発達して、一年中夏野菜のキュウリ、ナス、トマトを見ます。百年のうちに「しゅんの味」もなくなりました。

このしゅんの素材に更につけ味（調味料）をして一層おいしくし、更に素材をよく切れる庖丁で切る。これを切り味といいまして、とかく忘れられる味ですが一番大切な味です。二の色どりは、見た目から食欲のおこる美しい料理でなければ駄目。三の盛り方こそ大切な終りの作業です。味よく色どり美しく出来た料理を、さわやかに、季節感を出して創意くふうで盛り方をして食卓に。

一の味に対して私は考えました。料理は愛といわれるように、味こそ愛、優しい思いやりがなければ出来ないことです。

二の色どりは知。広く栄養の知識を求め、動物性の蛋白源には植物性を組み美しい料理を作る。

三の盛り方こそ料理の終着点。器に調和よく盛る、これこそ和と信じます。人生、和が欠けたらどうなるでしょう。いつまでも丸く輪（和）を作り、手に手をとって私は学校の教職員と一緒に、愛と知と和に向って、これからも進んで行く決意です。田口先生の本にも、この愛と知と和がこめられています。

昭和五十八年六月

料理の魅力

東京製菓学校校長
山本 圭一

「味わう」人は、さいわいです。作った人の心を会得できるからでしょうか。「味を出す」人は、生命の創造的役割を、見事に整えます。ひからびがちな私たちに、和らぎを与える愛情が溢れているからでしょうか。田口先生の書物は、この両者の共鳴に気付かせて下さいます。料理の魅力が、私たちの心づかいや愛情によって、これほどまでも変容し成長するのを知ることは、何とすばらしく、美しいことでしょう。

新装改訂版

味と料理の約束――失敗してつかむ料理の基本

目次

和物

煮物

焼物

揚物と蒸物

カット　新井　正江

新装改訂版

味と料理の約束——失敗してつかむ料理の基本

飯

旨い飯

炊き上がって釜の蓋をあけるやいなや、むせるような湯気と共に甘いそして何とも云えぬ旨そうな飯の匂いを嗅ぐと、お腹がグッとなります。

釜の中を天地代え（上下を掻きまぜる）してお櫃に移し、水分が程々に木肌に吸い取られて、人肌のぬくもりになり、ふっくらと米粒が落ちついた頃が、ご飯の最もおいしい頃合いでございます。こういうおいしい飯にありつけるように祈りながら毎日炊いておりますが、なかなか、どうしてどうして、その日のご機嫌により味が違うのです。

そこで、この旨い飯が炊き上がる条件をいくつかの角度から探ってみようと思います。

簡単にまとめてみますと、

㈠おいしい米を選び

㈡よく洗い

㈢十分に水分を吸わせ
㈣高温で一気に炊き
㈤十分に蒸らします。

そしてお櫃に移して人肌に冷めた頃が一番おいしく食べられます。そのおいしい飯の味とは一口、口にした時に味わう甘味と匂いが決め手になります。この味を出すために材料を吟味し、炊き方に工夫をしておりますが、最近では酵素（薬品）を入れて炊くとおいしく炊く事も出来るのです。これは一種の添加物ですが、天然の匂い出しの〝匂い米〟というお米もあり、普通の米に一～二割入れて炊くといい香りに炊き上がり、味も甘味が増すそうですよ。

米を選ぶ

粘り気の少ないインド系（インディカ米）か、粘り気の多い日本系（ジャポニカ米）かを、好みと料理に合わせて選び、更に個人の食生活の違いから玄米、七分搗米、胚芽米、精白米などと数ある中から選びますが、いずれにせよ籾殻から出して搗きたてが一番おいしいのです。

買い求めてからせいぜい一カ月以内、出来ましたら一週間ぐらいで食べきるのが理想ですが、いずれにせよ保存を上手にすることが大切です。買い置きをする時は、密閉した容器でなく、風通しのよい蓋付きの容器で、小さな昆虫が入らないものがよいのです。しかも冷暗所に置いておくことです。米は活きておりますので、密閉すると熱を持ち、糠《ぬか》臭くなり、虫がわきます。特に夏は、時々風干しをするくらいが良いのです。

米を研ぐ（洗う）

米を洗うのは汚れや土、砂を取り去り、更に米の周囲についている糠《ぬか》を洗い流すことです。これを「米を研《と》ぐ」と言い、つまり米を研《みが》くことなのです。

ただ水を流して洗うのでは、きれいになるまでに時間がかかります。時間がかかれば旨味や栄養が水に溶けて流れてしまいますので、手早くきれいに洗うために研ぐのです。

掌《たなごころ》で鍋肌を利用して、一粒一粒を丁寧に研《みが》くように洗い、水で流します。掌でこするくらいで砕けるような米はおいしくありません。よい米は安心して研《と》ぐことが出来ます。ゆっくり洗っていると米に水が吸い込まれて、軟化し始め、色が白っぽくなってきます。糠をよく洗い流さないと、炊き上がった時、糠臭さが強くて甘いおいしい香りがわからず、しかも早く饐《す》えてしまいます。そして何より艶がありませんし、ボソボソしております。

水　漬

米を水に漬け、十分にふやかして炊くとおいしくなります。熱もよく伝わり、でん粉も十分に糊化して、おいしい飯になります。

生米のでん粉は固い束（ミセルという）を作って、くっついておりますので、その束と束との間に水を滲透させてふくらませ（膨潤という）ます。これに要する時間は、始め30分から1時間位のあいだが一番よく吸い込まれ、その後は吸収がゆるやかになり、最頂点に達するのが3～4時間です。冬場で4～5時間、夏場で2～3時間です。もちろん米の品質、水温も関係してまいりますが、これ以上の時間は不必要なのです。

夏場は漬け過ぎますと水が沸《わ》き（水の表面に細かい泡が浮いた状態）、そのまま炊きますと、飯が一味まずくなり、日持ち致しません。それで味や栄養よりも日持ちさせたい時は、新しい水と取り換えて炊いた方がよろしいですね。

釜（鍋）

飯を炊くには、釜は最適の道具なのです。厚手で、鋳込みで、深鍋で、口が小さいという条件が大変すばらしいのですが、残念なことに底が丸く、現代の熱源であるガスや電気には向かず、又、ハカマという道具も必要ですし、釜の高さがあるため大きめの熱源が要ります。従って、現在使用している熱源に合わせた鍋を選ぶ必要があります。まず熱伝導、保温のよいものとして、厚手で鋳込みのものを選ぶことですね。厚手のものは、熱料理にはよい条件を揃えており、更に鋳込みのものは、煮立ちに対して大へんよいのです。

つまり、鍋肌がツルツルしておりませんので、火から伝わった熱が鍋肌から水に伝わる時、爆発的にボコボコとならず、軟らかくふわっと全体的に伝わります。鍋肌の表面に凹凸があるため、熱が乱反射して全体にひろがって軟らげられるのです。これは煮物にとっても大切な条件です。もし焦げても、くっつかないで出来上がります。

一度私はこんな失敗を致しました。煮物をあたためるために弱火にして鍋をかけ、八時間ぐらい忘れたことがありました。気がついた時、一瞬、鍋が大変！　という思いが走りました。危険なことをした反省や焦げた煮豆のことよりも、鍋を焦げつかせた状態を頭に思い浮かべたのです。そして、恐る恐る蓋を取りました。中身は全部真黒でした。やった……とばかりにしょげて、熱い鍋を布巾で握って中身をそっとあけましたら、ポン！　と一塊りで落ちました。鍋床を見ると、何もくっついておらず、鍋肌もほとんど変化しておりませんでした。

この時の嬉しさと言ったら、何にも例えようがありません。本当は大変な失敗をしておりましたのに……。アルミニュームの鋳込みの鍋でした。この時以来この鍋が大好きになり、今でも愛用しております。

炊き方

鍋を火にかけたら、煮立ってくるまで強火で炊きます。煮立ってきたら吹きこぼれない程度の中火にして5分、次に極《ご》く弱火にして15分炊き、もう一度火力を強火にして10～20秒ぐらいでフッと蒸気が出たところで火を消して10分蒸らし、鍋の中を上下掻き混ぜ、布巾をかけて頃合いを待ちます。又はお櫃に移して頃合いを待ちます。昔の言葉に「始めチョロチョロ中パッパ、吹いてきたら赤子泣くとも蓋取るな」と、言葉のリズムを上手に使って、ご飯の炊き方を教えておりますが、この中には炊き方の戒も入っていて理に適っております。

次に炊き方の細かい説明を致しましょう。

先ず煮立つまでは出来るだけ強火で一気に沸点に持って行くことが大切です。徐々に熱しておりますと、米からでん粉が流れ出て汁に濃度がつき、熱の対流が行なわれにくくなります。対流が悪くなると下方は焦げて上方はまだ生米ということも起りかねません。簡単に言えば、汁を糊にしないことです。その他に糊になりやすい条件として、洗い方が悪い時や米が砕けた時にも起りやすいのです。従って、出来るだけ強火で煮立てるわけですが、昔の言葉に「始めチョロチョロ」とありますのは、釜や竈《かまど》を温めるまでの時間なのです。金属製の道具は、いきなり熱すると熱による可塑性が起り、料理にもよくなく、道具にもよくありません。昔は「釜が鳴る」と言って嫌ったものです。現代は精巧に出来ておりますが、それでも極度の温度差は避けた方がよいですね。

次に、煮立ってきたら絶対に蓋を取らない方がよい。「赤子泣くとも蓋取るな」で、つまり、せっかく沸点に達した時に蓋を取ると温度が下るから、熱効率の面でも対流の面でも不都合なのです。

でん粉は高温であるほど成分分解がよく行なわれ、口に入った時、甘く感じます。高温加熱しますと可溶性澱粉《でんぷん》が生じ、口に入れて噛みますと消化酵素が働きやすい状態なので甘く感じるのです。このまま高温の状態で炊くと焦げてしまいますので、沸騰に近い温度で5分炊き、弱火にしますが、この中火5分は昔は「水が引くまで」と言いました。5分して蓋をそっと開けてみると、煮立っている泡がスーっと引く状態なのです。

次に弱火で10～15分炊いてから強火で10～20秒加熱して火を消します。昔は藁や新聞紙を一、二枚丸めて火をつけ、ファッと燃したものです。

この理由は、弱火で10～15分もたちますと、鍋肌に水滴が溜ります。それを蒸発させるために強火にするのです。そして更に飯粒の周りについている水気を吸い込ませてふっくらさせる為に蒸らし、更に余分な水気を取り去るためにお櫃に移すわけです。

お焦げがおいしいと言われます由縁《ゆえん》は、先ほど申しました可溶性澱粉の状態に変わるからなのです。160～170度ぐらいに熱されるとデキストリン（糊精化）という可溶性澱粉が出来、更に焦げた香ばしさが、美味さにつながるのですね。

癌になると言われも致しますが、食べる量が少ないことと、食事は、他に色々な癌を打ち消すものも食べるのですからあまり気にせぬ事です。しょうゆ味に握るとおいしいですね！　私は大好物です。

冷飯

炊き上がったご飯をおいしいまま、長く保存出来れば幸いなのですが、不幸にもポロポロの冷飯になり易い。そこで出来るだけ炊きたてのまま保存が出来る電子ジャーが造られております。しかし5～6時間が限度で、長時間は無理です。冬場はもう少し長く持ちますが……。炊きたてを保つ条件は、水分のほどほどの除去と保温にあるわけです。水分のほどほどというのは、少なすぎても乾いてしまいますので、飯粒の表面の水分がとれるくらいの状態です。そのために昔から色々な知恵と工夫がなされておりました。例えばお櫃に移したり、柳行李《こうり》や竹行李を用い、風通しをよくして保存したものです。

また梅干を入れて腐敗を防いだり、特殊な方法で砂糖を加えて保存をしたりしました。梅干は酸で殺菌されるが、酸味自身は冷飯（老化現象、劣化現象という）の促進剤になってしまいますので、同時に砂糖を用いたり、塩気とうまく塩梅《あんばい》して保存がなされているわけですが、砂糖を用いるのは、砂糖の吸水作用で飯の水分がとれるから日持ちするわけです。

かつて私は東北の方から甘い赤飯を頂いたことがあります。丁度、おはぎのくずれたような状態で、おいしい味でした。聞くところによりますと、お祖母ちゃんが作ってくれるので、本当の作り方はわかりませんが……、ということでしたが、蒸し上がった赤飯に砂糖を加えるそうです。お菓子っぽい甘味でなく、いくらでも手が出る甘味でした。三、四日置きましたが、腐りもせず固くもならずおいしく食べられるのです。赤飯は次の日には固くなりますのに、日持ちさせる為に生まれた生活の知恵ですね。

保温としては電子ジャーが最適のアイデアですが、高温のまま長時間おきますと、でん粉が変化し始めます。甘酒を造った時のように軟らかくなり、色づき、くずれていきます。昔はお櫃のように吸水性があって、空気の含まれている保温材を使ったわけですね。この他に布や綿を、あるいは藁を用いました。しかし温度も長時間は保たれませんが、一日位は大丈夫でおいしく食べられます。

もう少し手をかけますと乾し飯《いい》があります。今でいうα《アルファ》米です。古歌にも詠まれておりますが、家に居れば器で食べるものを旅先故に椎の葉の上に盛り、涙で戻して食べる状況が短い言葉の中によく表現されていて、後世の私共が読んでも想い浮べられると同時に、現代のインスタント食品のはしりを作り上げている古人に、ただただ平伏するのみです。

冷飯自身はあまり消化はよくありませんので、もしポロポロになった時は再加熱して食べる方がよいのです。冷飯になっても日持ちさせられれば、これも日常茶飯事の合理化になりますので、現代の文明の利器である冷蔵・冷凍庫を用いて保存が出来ます。温度を低くすることによって細菌の繁殖を防ぐわけですが、夏場の保存には便利ですね。

昔、私の親が釜ごと川に漬けていたのを思い出して、西日の当るアパート住いの時、朝炊いた飯が夕方まで持たない時、この方法で、しかも流し水でなくとも何とか持たせた体験を致しました。水が一番比熱が小さい原理から、理屈は通るのです。

冷飯になりにくく、日持ちも多少出来るように炊くには、水分を出来るだけ少なくすることも必要条件です。外国のパンがそうですね。日持ちさせるパンは、パサパサという感触に焼き上げてあります。日本の乾パンも、明治時代に作られたものを、今になって封を切ったら、おいしく食べられたという報道を見まして、驚きましたと同時に嬉しかったです。

汁物

食事としての役目

汁物は料理の一番始めに出されます。西洋料理でも中国料理でも日本料理でも、同じく始めにもてなされますが、これには一つの役割があります。それは食欲増進剤としての大切な役割なのです。

古今東西を問わず、食事の始めに供され、一口、口にして「ああ、うまい!!」と食欲を出し、次なる料理に舌鼓を打つわけです。

汁物には色々な緻密な条件が満たされておりますが、その最大の条件は煮出汁《にだしじる》の旨味です。この旨味が胃壁を刺激して、食欲増進剤になるのです。旨味という味も単一の物質だけでなく、数多くの成分から出来上がっております。大きく分けて動物性の成分と植物性の成分に分けられ、味の方向付けや味の広がりや、コク味を付ける旨味成分が複合されて初めて「ああ、うまい!!」と味が決まるのです。

更にこのような化学的な味の他に、物理的な味、例えば辛い、熱い、冷いという刺激的な味と、生理的、心理的な味まで胃壁に刺激しております。

ここで料理一番バッターとしての大役が果されるのです。

汁物の種類は、清んだ汁物と濁った汁物に分けられます。献立によって、いずれかが使われておりますが、一般に供応料理の時には、始めに出されるのは濁った汁物が多いようです。中国料理では、ふかのヒレのスープのように濃厚な味のもの、日本料理では味噌汁が原則ですが赤だしと云われる味噌汁は、止め椀と申しまして最後に出されることもあります。

又、それぞれの国で、もてなす方法に多少の違いがあります。例えば日本では一口、飯を口にして初めて汁に箸を入れる作法がありますが、始め箸の先をぬらして飯にという作法もしますが、後は自由に料理や飯と共に頂きます。西洋や中国では一皿又は一碗食べてからパンや次の料理を食べる習慣もあります。

いずれにせよ汁物はコック長が自ら味付をし、食事の中では重要な役割をしております。

おいしい煮出汁の取り方

煮出汁《にだしじる》の取り方を大きく三通りに分けてみました。次の通りです。

㈠水に浸すだけで取るだし
㈡高温でさっと取るだし
㈢高温で長時間かけて取るだし

これ等はそれぞれ素材の性質によって取り方が違うのですが、その素材を分けてみますと、まず、動物性と植物性に分けることが出来、更に生物か加工食品かに分類することが出来ます。また、脂肪分が有るか無いかによっても、だしの取り方の違いが生まれます。

一般的に、だしは濁らせてはいけないのです。濁らせると素材の臭みが出ておいしくありません。素材の性質をよく見きわめる必要があります。しかし例外もありまして、ゼラチン質を含んだ素材の場合に、最高の温度で乳化させて取る方法もあります。日本では博多風鶏の水炊き、中国では白湯スープ、西洋ではソース用だしとして、舌びらめの骨を使って乳濁色に取る煮出汁もあります。

(一)水に浸すだけで取るだし

この煮出汁の旨味成分は、水溶性の成分です。昔から「水だし」と言って水に漬けて取るだしですが、夏には要注意な取り方です。それは水が沸《わ》いて腐るからです。用いる素材はだし用の乾物で、生そのものや、煮たり焼いたりして乾して作られた魚介類やこんぶ、椎茸、かんぴょう等です。浸す時間は材料の製法、季節、水温によって違いがありますが、分量は普通の煮出しして取る方法と同量です。

そこで、こんぶや椎茸など植物性の材料は普通に用いられておりますので、煮干を使って、水だし方法と煮出して取る方法の違いを実験してみました。

まず、水だし方法の場合ですが、夏で2〜3時間、冬でも5時間浸せば、十分にだしが取れ、生臭みが少なく、清汁に使っても十分に旨味のある汁物が出来ました。従来の煮て取る方法との味の違いは、コク味が少し足りない位ですね。コーヒーで言いますと、ダッチコーヒーの味です。

煮干も丸のまま、頭と腸を取ったもの、煎ったものとに使い分けてみましたが、水だしの場合は丸のままで十分で、頭と腸を取って丁寧にするとかえって物足りなさがあります。煮出す時は、頭と腸を取った方がクセが少なくてよろしいのですが……。

(二)高温でさっと取るだし

このだしの取り方の特徴は、香りの成分が主役です。それは、かつおぶしやその他雑魚の節のけずりぶしに限りますが、もちろん水溶性の旨味成分で水中にただ溶け出るものと、加熱によって溶け出るものとが含まれておりますが、香り成分は蒸気と共に出ますので高温にし、時間をかけると生臭くなりますので決してぐらぐらと煮てはいけません。これを一番だしと申します。

特に、かつおぶしは薄く削ることが大切で、独特なカビの香りと燻製の匂いが、おいしさを一層引き立てております。日本ならではのだしの素です。

一番だしには、こんぶを混合しただしの取り方もありますが、この場合はこんぶのヌルであるアルギン酸などが出ないように、短時間で取ったものと混合いたします。

余談ですが、かつおぶしも水だしで取ることが出来ますが、ひきしまった味がありません。むしろ濃厚になりますが、少し時間をかけて煮出す方法の方がおいしいだしになります。ただし、火加減は弱火にしないと濁って、かえって生臭くしてしまいます。

(三)高温で長時間かけて取るだし

このだしの旨味成分の主役はたん白質のコラーゲン、別名ゼラチンと云われているコク味を与えてくれる濃厚な成分です。

このだしの高温の取り方には二つの方法があります。

一つは、沸騰点の高温でぐらぐら煮立っている火加減で、脂肪分の少ない魚の骨や鶏の骨で取ります。要する時間は魚の骨で20〜30分、鶏の骨では一時間位かけて取ります。最高沸騰のため、ゼラチン質がよく溶け出て、更に乳化をして滑らかな舌ざわりになり、蒸気と共に生臭さが取れて割合に臭くありません。出来るだけ脂気の無いもので、血抜きをよく行って、だしを取ることが大切です。牛や豚はこの方法にはあまり向きませんが、部分的に尾の部分や仔牛の骨などは、料理によっては多少使うことが出来ます。だしを取るのに要する時間はこの方法も次に述べます方法も同じです。

もう一つの高温は、やっと沸騰を保つ温度で90度前後です。これは一般的な取り方で、澄ませて取る方法です。特に牛の骨は微笑む位という火加減でないと乳濁して、臭くなってしまいます。ゼラチン質の旨味成分のだしなのですが、脂肪も含まれている部分を用いる時の取り方なので、脂肪分が溶けて表面に浮いている位の火加減がちょうどよい目安ですね。そして魚や鶏の一般的な取り方でもあるわけですが、特に身くずれしやすい魚、例えば深海の魚や煮干、焼干にした魚はこの方法に限ります。

いわしの煮干を煮出して取る場合は煮立った後、やっと煮立っている状態を保つ火加減で、5分位で良いわけで、長い時間をかけますと濁る原因になってしまいます。

以上三つの方法で取り方の違いを述べましたが、いわゆる旨味成分を出すだけなのか、香気も出すのか、コク味も出すのかによって、手掛ける方法が違ってくると同時に、かつおぶし一つを取り上げても、だしの取り方の違いによって色々味わうことが出来るのです。

香味野菜（mirepoix《ミルポア》）の役目

香味野菜《こうみやさい》とは、煮出汁を取る時に臭みを消し、香りや旨味の広がりを出すために用いられる野菜や香草のことを言います。

用いられる野菜はでん粉性のものを除いてにんじん、玉ねぎ、セロリー、パセリ、ねぎ、しょうが等が主なものです。元来、獣の肉や骨から煮出汁を取る時は、よく熟れたもので、しかも食べ残した部分の、悪く言えば腐りかかった部分を使ったわけで、その匂いを消したり、お腹をこわさないように香辛料や香味野菜を使ったのが始まりです。これは合理的な使い方でもあったわけです。

肉質その他のたん白質が熟成という化学変化を起し、アミノ酸まで分解され、旨味成分そのものズバリまで分解されて、おいしい煮出汁になるのですが肉の臭みも出やすくなり、またヨーロッパでは水質が日本のように良くなく、おいしくありませんので、香味野菜が臭み消しや旨味の役目として用いられたのです。

新鮮な材料でも、野鳥やスッポンや深海魚のように、旨味成分をたくさん含有しているもので煮出汁を取る時は、これらは独得の臭みを持っておりますので香味野菜が用いられます。日本のように水がおいしく、新鮮な材料が手に入る時は、ミルポアの分量も程々にしないと、かえって不味いものになります。ミルポアの味が強くなって、本来の煮出汁の旨味が消されてしまったり、野菜が煮くずれしてしまうことも考えて、煮出汁に入れるタイミングも後から入れたり、大きく切って入れたり、よく炒めて水分を取り除いてから入れたり、それぞれ工夫をしなければなりません。

それから、にんじんや青物、例えば葉っぱ類や日本葱の青い部分などは、入れすぎると色が出てしまう事もあります。

ミルポアと同時に、香辛料も色々に用いるとおいしくなりますが、やはり使い方は同じように致します。香辛料の方は煮出汁の防腐剤にも一役働きますので、上手に取り入れたいですね。

乾物の保存法

久しぶりに椎茸を煮ようと、缶から出して調理台の上に置いて他のことを手がけていました。ところが、何気なく調理台を見ますと、薄っすらと白っぽくなっておりました。台布巾できれいに拭きとって、またしばらくして調理台を見ますと、同様に白くなっております。椎茸の周りなので、おやっと思って目を近づけてよく見ますと、何だか動いているように思われましたのでフッと息を掛けてみたところ、動き出しました。小さな小さな虫だったのです。

この道に入って間もない夏に、かつおぶしや干ぴょうの蔭干しをさせられたのを思い出し、はっと我にかえりました。教わったことと実生活とが無縁であった愚かしさ……。

乾物と名の付くものは動物性であれ植物性であれ、時々風に当てなければならない事、仕舞う時はぴっちりと袋につめておく事など、教えられたことを思い出しました。

乾物は、保存食品の代表的な加工食品であります。乾し方も、生のまま乾したり、焼いたり、煮たりして色々な種類があります。乾すことによって保存がきくだけでなく、生の時にない風味や旨味や栄養素や歯ごたえを出してくれる、えも言われぬ不思議な食品であります。

生で食べてもあまりおいしくない、ぜんまいや夕顔の実や昆布も乾物になりますと、独得な軟らかい歯ごたえと同時に、だしの素に早変わり致します。太陽に当って、紫外線による変化も起こって、独得な風味が生まれるのであります。魚の中でも、鱈や鰊や小魚のように、身割れしやすい物も、肉質が緻密に締まって、生にない、おいしい歯ごたえが出ます。

しかし、これ等も大量の需要を満たすために機械化されますと、見た目は同じでも料理されて味わってみますと、どこか一味違うんですね。保存しておいても、自然を利用して作られたものは、生きたもののように変化しつつ味が保たれております。機械で作られたものは、水分を抜いた抜け殻という感じで、湿気を含むと、たちまちにして腐ってしまいます。或いは食べられなくなってしまいます。

さて、保存法をまとめてみますと、

㈠外から虫が入らぬように、きちんと包装をするか、容器に入れておく事。

㈡内からの虫が湧かぬように、時折、風干しをするか、風通しのよい包装や容器で保存をする。

㈢冷暗所に保存をする。

㈣決して完全密封や、太陽に当ててはいけない。

乾物を作る時は、動物性も植物性も太陽の恵みを受けて作り上げられますが、一旦、出来上がった製品を太陽に当てますと、日焼けや油焼けを起して食べられなくなります。

こんな失敗も致しました。機械で作られた製品が出まわり始めた頃です。あるデパートで、かつおぶし三本～四本でいくら、と、一本買いをすることを思いますと驚く程の安さで売られておりましたので私は二包みも買い込み、得意顔で帰って、一本一本、ラップフィルムがしてあるのを取りのぞき、缶に入れて保存致しました。始めの一、二本を使っている中はよかったのですが、一カ月も経った頃から、かつおぶしがうすく削れず、細かく砕けるのです。水に浸してみても、刃を砥いでみても駄目でした。

そんな或る日、学生たちと伊豆へドライブに出かけ、手造りのかつおぶし工場を見学する機会がありまして、かつおぶしが出来上がるまでの説明を聞いているうちに、またまた自分の愚かさを発見しました。私がデパートで二包みも買ったそのかつおぶしは、機械で作られたため、中心の部分にまだ水分が残っているので、フィルム包装をしておかなければならなかったのです。自然現象に対応出来ない未熟物だったのでフィルム包装を取り除くと異常な乾き方をしたわけです。

こういう製品はすぐ使う時にはよいが、家庭のように保存しながら使うには向かないのです。自然現象の中で作り出されたかつおぶしは、カビを使って自然に、しかも中心の部分までしっかり水分を取り除き、乾燥されているので何年も保存がきき、更にうすく削る事も出来るのです。

何年も保存は出来ますが、おいしさを保っている期間は出来上がってから一年以内が一番おいしく食べられ、しかもうすく削ったものは一時も早い方がおいしく食べられると工場長からききました。

身近な乾物の戻し方

戻した状態は、生の時の状態と同じく、水分を含んで、ふっくらとした状態まで戻さなければなりません。湯戻しは早くてよろしいのですが、香りを失うこともありますので使い方に注意をしたいですね。

干ぜんまい・わらび・こごみ

さっと洗って人肌の湯につけ、やや戻り始めたら手で静かに揉みほぐすようにしながらあくが出たところで湯を取り換えて戻すと軟らかく戻ります。物によりますが半日〜一日ぐらいかかります。使う時に熱湯を通して臭みを消します。

干ぴょう

さっと洗って塩をふりかけ、手でよく揉んで更に水でよく揉み洗いをして塩気を抜き、漬物にしたり結び用に用いたり致します。

煮物料理の時は揉み洗いの後、かぶる位の水を加えて15分ぐらい茹でてから好みの味付を致します。塩揉みすることによって、あく抜きが出来て色が白く上がり、更に繊維にキズがついて早く水を含みますので、やわらかくなり易いのです。

干椎茸

さっと洗って水又はぬるま湯につけて戻します。しいたけは旨味を多く含んでおりますので、揉まずに戻し、しかも戻し汁はおいしくて、栄養のあるだしになります。生の状態に近くよく戻すためには、5%溶液の砂糖水を用いると良いと言われております。

大体2〜3時間から一日位で戻すとよろしいんですが、夏で二日ぐらい、冬で四日ぐらい日が経ちますと匂いが悪くなります。また、戻す時に熱湯を使うと早く戻りますが、よい香りが飛んでしまうことと同時に、いやな匂い（化粧品のような匂い）が早く出ますので、戻し加減に注意をして下さい。

余談ですが、軸《じく》は大変おいしいだしを含んでおりますので生はもちろん、干したものも捨てずに調理をして食べましょう。傘の部分より色も濃くなく、強い匂いもありませんので広範囲に使用出来ます。西洋料理の舌びらめの料理に使われる洋松茸も傘より軸を使って煮込んだり、だしを取ると良いと聞いております。

海藻の乾物（ひじき・わかめ・こんぶ等）

さっと洗って水につけて戻します。割合に早く戻りますので、灰で処理されているわかめは、よく洗い流して熱湯を通して使い、灰で処理せずに乾したわかめやひじきもよく洗い流して、熱湯を通して調理いたします。

こんぶは戻し汁がおいしいだしになりますので、捨てずに使用することです。戻す前には洗わず、よごれをぬれ布巾で拭き取るようにして水につけて戻します。市場に出廻っているものは、きれいになっておりますので、特によごれがない時は、乾いた布巾でよごれを拭き取っても結構です。調理法によっては酢水を含ませた布巾で拭く場合もあります。よごれを取ると同時に、酢を含ませますので、早く軟らかく煮上がるのです。

干魚

水又は米のとぎ汁、又は番茶の浸出液で十分に戻してからよく洗って調理いたします。戻し方が不十分だと煮ているうちに身がしまってしまう事があります。それから戻すのに三日〜一週間ぐらいかかる場合は、毎日、新しい液と取り換えることが大切です。

それは水が一日以上たちますと腐ってしまうからで、毎日新しい液と取り換えると同時に、魚の戻り具合も確かめる事が大切です。生の時と同じような軟らかさにまで戻りましたらそのまま流水で洗ってよごれを取って調理をするか、つけ汁のまま静かな火で10分位茹でて流水で洗ってから調理を致します。

和物

和物の味

和物《あえもの》は主菜ではありません。副菜としての料理です。つまり献立の中では主役の料理ではなく、脇役の料理なのです。従って主菜を引き立てて、料理と料理の継ぎ役もしなければなりません。

例えば献立の始めに出されて前菜となり、お酒を片手に、食欲増進剤の働きを致します（尤も、箸休めは色々な種類の料理を小出しにして、もてなされますが……）。時には料理の付け合わせとして一皿に盛り合わせ、栄養のバランスや季節感、料理の演出としてなくてはならない時もあります。

たくさん出されても飽きる料理ですから、味付はさっぱりとした薄味もあれば、濃厚なコクや旨味をもった料理もあります。作り方も生のままの材料に味付をしただけのものから、煮たり焼いたり、揚げたり、蒸したりという調理法がすべて用いられ、材料も動物性、植物性と、あらゆるものを使います。

早春の饅《ぬた》、夏の胡瓜揉み、秋の卸し和《あえ》、冬の白和……と、それぞれの味は季節を満喫させてくれる料理です。

材料と材料の相性

料理には材料の組み合わせにより醸し出される味がありますが、これは料理人にとって大切な勉強で、既成事実を知り、更に自分で工夫しなければなりません。多少の料理下手でもおいしい味を出してくれることも多々あります。

それは固い物と軟らかい物であったり、灰汁《あく》の強い物と打ち消す物であったり、色彩《いろど》りであったり、海の物と山の物、地面の中の物と地面の上の物であったり……と、いろいろな組み合わせの条件があります。

また、茹でて和える料理にも同じ軟らかい中にも、にんじんとこんにゃくを合わせたり、春菊と椎茸《しいたけ》を合わせて軟らかさの違いを出しているものもあります。

切れ味・歯切れの味

料理を一口、口に入れて舌に乗せた時、すっと伝わってくる感触は、直感的に感じる味で、味覚の上では大切な条件です。

五味、温度、柔軟、特に舌触わりと一般的に言われる切れ味は、例えば刺身のように、日本人ならではのものもあり、料理を味わう第一歩なのです。喉元《のどもと》すぎれば熱さ忘れるでお腹に入ったら、全く味わいは感じられないのですから、この切れ味という味覚は、五味（甘味、酸味、苦味、鹹味、旨味）に次ぐ大切な味だと思います。単純な料理であればあるほど重要な働きをしており、味覚の第一印象であると共に、喉越しの味と言われる、お腹に入る最後に感じる味覚でもあるわけです。

食物が口に入ると本能的に歯を活動させ、噛みしめる味わいが始まります。歯から伝わる音や感触により筍のような、胡瓜のような、松茸のような、こんにゃくのような、と目を瞑っても噛み分けられる味わいがありますが、これらは切り方の色々な方法により、表現されて出てくる味わいなのです。

全ての材料には繊維があり、この繊維の存在の違いにより、食品の味の違いも出来てくるのです。繊維の方向の流れ、軟らかさや固さ、粘着性による違い、そして最も大切なのは、その繊維と繊維の間には色々な種類の旨みが一杯つまっております。肉や魚や野菜、全てがこのような状態で繊維を持っており、しかもこのような状態は、切り方や調理法によって生かされも殺されもするわけです。また、このような状態のどれかによって料理の味が違って出来あがるのです。

例えば、玉ねぎ一つ取り上げてみても、繊維に沿って切るか直角に切るかにより、味の違いが生まれます。繊維に沿って切れば甘味は一切れ一切れに残り、歯切れはシャリシャリするし、直角に切れば軟らかく、くずれやすく、汁に旨みが出ます。

先ずはこのような違いで切った玉ねぎを、生のまま水にさらして、おかかをかけ、二杯酢で食べ比べをする、或いはさっと熱湯を通してレモン風味の甘酢で食べる、或いはバターできつね色になるまで炒めて、オニオンスープにしてみる、或いは炒めずにそのままオニオンスープに仕上げてみる……と言った具合に、調理法の違いにより食べ比べを致しますと、単純な調理法なだけにその違いがよくわかります。

自分はどれを好むか、一度おためし下さいませ。

昔、中国人の調理人さんから、こんな話をきいたことがあります。中国料理店へ入って八宝菜を注文して、白菜の切り方を見れば、その店の調理人は料理の修業をどの程度やったかがわかる、ということです。わけを聞きますと、白菜は繊維と繊維の間に甘みがあるから、沿って切ると口に入れたとき白菜の甘みを感じるが、直角に切れば汁に甘みが出てしまう。八宝菜のように煮汁よりは炒めた具の味を尊重する料理は、切り方が大切なのだと聞き、私は自分で味比べをしてみました。なるほど味の違いを感じる事が出来、それ以来、切り方の大切さを痛感しております。

酸味の働きと使い方

和物の代表的な味付は酸味です。塩味は、全ての味の引き出し役の働きがあるのに対し酸味は引き立て役の働きです。味の広がりを出し、しつこさを軟らげ、塩味を塩梅し、全体にさわやかさを与えてくれます。

五味の一味として、かくし味として、大きな役割を致します。酢物は衣の味が酢で、後に塩や醸造調味料や砂糖、油、だしによって味の広がりを出し、色々な種類の酢和えが出来ます。和物の中には濃厚なごま和や、からし和などにも、わからないように酸味を忍ばせて作ると、味に和らぎが出ます。

同じ和らぎを持った塩梅にこんな例があります。野菜の即席漬けを作る場合、塩味で漬けるのですが、野菜の種類や切り方によって、塩分の分量や時間が違います。大体水が上がった状態を出来上りの目安に致しまして、もし一時間で漬かるものなら半日、半日で漬かるものなら一日ぐらい経て、しかもその間は野菜が空気に触れぬように重石をしっかりしておきますと、同じ塩味でも口に入れた時、舌に沁みるような爽やかな味を感じることが出来ます。

これは野菜が持っている有機酸が塩味によって塩梅されるわけで、漬物の味の原点でございます。沢庵漬けのような長期保存の塩漬けもしかりで、昔は藁《わら》を細かく切って使ったそうですが、現在は糠《ぬか》を用いますので、糠の甘味やコク味で更に複雑な味を醸《かも》し出しております。

更に梅干しや胡瓜もみや大根膾《なます》は、塩や酢をそのまま分量通りに振りかけておいても、おいしくならないのです。適当な水気取りをし、酢が慣れるまで空気に触れぬように軽い押しをして食べ頃を待つわけで、薄味のものは時間が短かく、濃厚な味のものは時間が長くかかります。適当な水気取りとは、梅干は土用干しをし、胡瓜もみや大根膾は塩もみをして水気をしぼり取ってから酢味をつけます。もちろん酢は醸造酢に限ります。

乳化の味・コク味（酷味）

さっぱりとした味わいの酢物に対して、対照的な味わいの油気を用いた和物があります。油の味や調理上の性質を生かしたコク味や滑らかさを持ったおいしい和物ですが、油気を上手に使わないと却って不味い料理になってしまいます。

コク味というのが要するに濃厚な味で油ならではのものですが、滑らかさも油ならではの味なのです。

滑らかさ……、つまり油そのものも滑らかですが、油はまた調理上の性質として、水とも親しくする手を持っております。それを親水基と言いますがこの手と水、つまり油が水と混ざった状態でこれを乳化と言います。乳化されると油の滑らかさが更にしつこくなくなります。つまり、口に入ると、さらりと溶けやすく、いつまでも口の中に残らないのです。ということは、油の分子が細かく分散されていて、いつまでも口に残らず、喉越しの味わいもさらりとなるわけです。

一番わかり易い例は、マヨネーズとフレンチドレッシングです。上手に出来た時はおいしいけれど、失敗をして分離した時は、まずいですね。この乳化という性質は、水中油滴型とも言われますように、水の中に油を一滴ずつ混ぜ込むようにして作り上げられた状態を言うのです。

料理には、つなぎと言われる材料を用いられるものが往々にしてありますが、乳化は、水分が油気のつなぎになりますので、つなぎを混ぜ込む時と同じ要領になります。従って失敗したら（油中水滴型という）、別の容器に水分（酢、酒、水）を少量入れて、その中に分離した液を少しずつ入れてゆけば、元通りに出来上がります。

また、同じ乳化させるにも胡麻和のように、油気を含んだ材料に水分を混ぜる時は、重い材料、濃度の濃い材料の中へ濃度の薄い材料を少しずつ加えながら攪拌し、乳化させて作り上げます。マヨネーズと同様に神経を使って丁寧に作り上げると大変おいしい和物が出来上がります。

こんな例があります。和物ではないのですが、冷し中華（冷拌麺）のタレを作りますとき、芝麻醬《ジーマージャン》と言いまして、中華風の胡麻を擂ったもの大さじ一杯の中に、水分をカップ一杯半も入れるのですが、本当に少量ずつ丁寧に入れますと、トロリとしたタレになります。きちんと混ざっていないのとでは味に大きな差があります。上手に出来たタレは油気がつなぎになって、他の調味料が互いに塩梅されて一つの味わいに出来上がっておりますが、分離した場合は用いられた調味料が一つ一つに感じられて、全体のつながりや塩梅がないのです。

この乳化は汁物や煮物にも大切な働きをする場合がありますが、しかし、和物もまた油気を使ったから必ずしも乳化させるという事はありません。フレンチサラダのように、材料に調味料を別々に振りかけて、それぞれの味を与えて作るものもありますし、汁物や煮物は、しつこくしたくない、殊に夏場の料理は乳化しないように作り上げる方がよい場合もあります。

剣《けん》・褄《つま》・香辛料（辛味）の役目

和物の料理としての範囲は、日本料理では合わせ酢や和衣で作られたもの、お浸し、刺身があります。西洋料理では一般的な呼名であるサラダと、フレンチドレッシングやマヨネーズであらゆる食品を和えた料理があります。中華料理では拌菜といわれる料理等を対象としており、いずれの料理法も香辛料が使われております。西洋料理や中華料理の中で刺身の剣《けん》や褄《つま》に匹敵する材料が使われていることもありますが、それでは一体どんな役割をしているのか見てみましょう。

一言で申しますと食欲増進剤であり、殺菌や解毒作用であります。更に消化を助けたり他の料理の引き立て役にもなるのです。

食欲増進剤としては第一に香りで、次いで辛味です。香りは脳神経を刺激し、辛味は口中や胃中の壁と言われる部分を刺激して、唾液や胃液の分泌を促し、消化をよくすると同時に、食物をのみ下し易く致します。またこの辛味の働きの中には昔から虫下しの働きがあると言われ、生食である刺身には欠かさず使っております。山葵《わさび》、生姜《しょうが》、山椒、辛子、蓼《たで》、葱類が主で、特に川魚の刺身には、かくべからざるものです。何となれば、川魚は寄生虫の中間宿主そのものであり、人間も中間宿主になりやすいからであります。

また、剣《けん》に使われる野菜には消化酵素が含有されていて、私たちの身体から出る酵素を更に強化することが出来るのです。生物の肉は大変おいしいのですが、私たちの身体とは異質の動物であり、蛋白性食品ですから臓器の中に入って消化吸収されて、自分の身体のものにするには大変な作業なのです。従って身体の負担を少しでも軽くするためには、剣や棲のような野菜の助けが必要なんですね。

香辛料も同様にすぐれた働きを持っていて、いわゆる薬餌物なのです。消化作用ということでは直接、酵素による働きもありますが、間接に働くものもあるのです。それは胃腸が動いて働きやすくするためには血行をよくする事なのです。カレー粉がその代表的なもので発汗作用といわれる働きです。この働きの大きな仕掛人は、とうがらしを中心とした辛味です。熱帯地方の人は暑さで胃腸が弱ってくるので、発汗により体温を調節して胃腸が働きやすくなるようにし、寒帯地方の人は寒さで血管が萎縮してしまうので、辛味で血行を良くして間接的な消化作用に一役働いているわけなのです。

また、香辛料の香りは、それ自身でおいしさを与えてくれますが、その他にその材料のくせ、例えば肉や魚の生臭さや、野菜の青臭さを消してくれるので料理がおいしくなり、食欲増進剤にもつながるのです。

かくし味

表立った味ではなく、喉越しで味わえたり、フーッと息をはいた時に香りが味わえたり後口に残って味わえる味を、かくし味と言います。

味には五感で味わえるものに、更に広がりや方向づけや深さ……と、色々な角度に持ってゆくことも必要で、さらりとした味、コクのある味、そして余韻《よいん》を持った味がその中から生まれてくるのです。かくし味は余韻を持った味わい方ですね。

別名、忍び味とも言われる通り、料理の味付の時、何かを少し忍ばせておくのです。それは甘味であり、酸味であり、香りであって、これ等三体は単一の調味料を使ってもよく日本ならではの醸造調味料（酒類、味噌、醤油等）を用いると、これ等全てを持ち備えておりますので複雑な味わいを醸し出してくれます。

この香りというのは、醸造の香りや香辛料の香りを生かして使ったり、材料の持っている香りをそのまま煎ったり焼いたりして用いると、かくし味としても大変によろしいのです。

季節の和物を通しての持味の出し方

春

春は雪解けと共に始まるわけですが、これは自分の目で確かめられる春ですね。実際、自然の大地では雪の下で、もうすでに春は始まっております。

料理の季節も三月、四月の酣《たけなわ》の春もございますが、日本料理では一月が初春の料理でございます。材料で言いますと、まだ芽吹く前の蕾のうちか、やっと芽吹き始めた材料を用いて作られた繊細な料理で、この頃の和物は貝類の旬と共に淡い味の和物が多いのです。さざえの青酢和、平貝や青柳の黄味酢和はおいしいですね。

酣の春になりますと、一般的に言われる苦味の季節になります。

この苦味は植物の芽吹く時の大切な滋養分で、動物にとってもこの時期には必要な養分ですから、大いに食べたいですね。ただ、春のこの苦味の灰汁《あく》成分は押えて料理する、つまり相殺性と申しまして、苦味を舌の上で感じなくさせるのですが、甘味や油脂類を用いて味付をすると苦味が和らげられて、表面的には押えられた味になるのです。

また、強すぎるものは、程々に抜かなくてはなりません。油で揚げたり水にさらしたり灰や重曹を用いて抜いたりして苦味を抜きますが、抜きすぎぬことです。苦味は喉越しの味と申しまして、舌の上では一番奥がよく味わえる場所なのです。従って味わう時間も瞬間的なので、あまり気にすることもなく、それに苦味の成分の中には、極くうすくのばすと甘味を感じるものさえあり、それが却って後味をさっぱりと、大人の味としておいしい余韻にしてくれるのです。そして、この苦味成分はアルカリ性であり、多くては毒ですが少しを上手に使うと薬になります。

夏

夏は酸味の季節です。万物の成長期、正《まさ》しく進行形で太陽がいっぱい！　というこの季節は、果物も野菜も酸度の強いものが多く、たとえ酸味がなくても、酸味とよく合う材料が多い季節なのです。

茄子や瓜類、その他、果菜類は酸味とよく合い、また、夏の旬《しゅん》の魚もみな酸味を用いた料理が多いのです。例えば南蛮漬、辛子酢味噌で食べる刺身、豊後煮……などと数多くあります。

人の身体も新陳代謝の活発な時は、酸味を自然に要求いたします。また、暑さで胃腸が弱って食が進まない時、さっぱりした味の酸味は、食欲を増進してくれます。例えば、春の白和は、夏には酢を入れて白酢和となりますように、夏の和物には酸味がよく用いられます。

夏の野菜のあくは、春とは違って抜くよりも外に出さないように、つまり、押えるように調理します。夏のあくは、春のような濃厚なあくではなく、割合に味として気にならない程の分量になっていたり、成分が変化しつつある時期なので、外に出て空気にふれ、酸化して変色したり不味成分にならないようにすると気になりません。それには酢を使うのが一番です。切ったそばから酢をふりかけたり、酢水にさらしたり、また、切ったらすぐ調理（加熱）をして酵素を破壊してしまうのもよいのです。

秋

「実の秋」と象徴されますように、秋の素材は殆どが成熟した季節で、味覚も熟味と言われております。あまり手数をかけずとも素材自身が、それぞれの持味を十分に発揮しているので、おいしく食べられます。

野菜の中には今まで渋味や不味成分と言われていた成分も、甘味や旨味に変わっていたり魚も油脂がのって、魚の泥くささや生臭さが和らいでいたり、かきのように、グリコーゲンが増えて甘味を持ってきております。従って和物も、和衣や合わせ酢の味加減を和らげて作ります。

例えば、だしを加えた加減酢や二杯酢の味でさっぱりさせて、かくし味に酒、みりん、砂糖を入れて酸味を和らげたり、みぞれ和と言われる合わせ酢は、すりおろした野菜や果物を加えて加減をしたりと、素材の持味を生かす工夫がなされております。

油脂がのった魚を〆《し》めて合わせ酢で食べる時も、油気を生かす、或いは打ち消す工夫が必要ですね。柑橘類の皮や汁を入れたり、しょうがや、とうがらしを使って口中に刺激を与えて唾液を出させて、油っこさを早くなくすというふうに、料理法によって味覚を助けているのです。

冬

冬は「甘味の季節」と言われます。春に芽ばえて夏に成長し、秋に熟して収穫され、今まで変化に富んだ味を与えた成分も冬には枯れて、甘味に変ります。

同じ葉菜類でも、この季節に植えられたものは苦味が殆ど感じられず、甘くて軟らかいものになります。しかも、よく熟したものを収穫して乾物にすることにより、更に栄養価値も変わり、甘味も増し、歯ごたえの味わいまでも違ってまいります（乾物は四季を通して、その時期の収穫物を乾物に致しますが、冬は最も種類が多くなります）。

魚の中でも、白身の魚が甘味を持っておいしくなるものが多く、砂糖を使わなくとも薄味で食べられるんですね。この冬の甘味は私達の身体の血行をよくし、身体を暖めてくれる栄養源です。昔から言われる「滋養」という言葉が、ぴったりだと思いませんか。

素材が甘くなりますと、和衣も合わせ酢も甘くした方が合いますね。ただ春の甘さとは違いまして薄味の甘さですね。例えば、葛を使って甘さを出した吉野酢や、卵黄を使って甘さを出した黄味酢があります。また木の実類を使った和衣も甘味がよく出ますね。

冬は、私たちも身体を動かすことが何かと少なくなりますので、それに合わせて食事の取り方も変わってまいります。じっとしていても血行をよくして消化を助けるような食事にするには、食品の甘味を生かすことです。塩味を薄めにして汁気を与え、濃度というか、ぬめりのような滑らかさを上手に使いわけることです。茸や芋類、海藻や根菜類などそれ自体の持っているぬめりを調理の仕方で生かしたり、でん粉や油脂によって滑らかさを与えたり致します。

以上、和物という料理を通して、四季を通じての味の変化を述べましたが、これがいわゆる食品の持味を生かした味の変化というわけです。それぞれ食品の熟度に合わせた味付や食べ方があるわけですが、その中でも和物がワキ役であるだけに、食事全体から見ると料理と料理のつなぎ役であり、そして割合に簡単に作ることが出来るところが、私が大切な料理と思っている点なのです。

この頃のように、年中栽培されて、いつ見ても色や大きさが変わらない野菜が市場に並んでいますと、つい年中変わらぬ料理をしてしまいますが、本当は同じ材料でも季節によって味は全く違う筈です。季節はずれのものと旬のものとでは、料理の仕方を変えるのが当然です。季節に合わせた、つまり食品の性質に合わせた調理法を利用すればよいわけです。

昔から、季節はずれ、つまり「ハシリモノ」と言われて、本来の季節より一足早めに料理して食べるものがありますが、その場合、まだ未熟だから、それなりの手の加え方を変えておりました。

例えば、じゃがいもを取り上げてみますと、本来じゃがいもは九月頃に収穫され、料理の旬としては十月〜十二月ですが、五月頃の新じゃがをハシリとして食べます。やや水っぽく、じゃがいもの、あのホクホクした味わいがあまりありませんので、油を使ったり、焼いたり蒸したり、味付をやや濃い目にして水っぽさや灰汁《あく》を打ち消す調理法を行っております。

逆にこの水っぽさを生かした料理に、新じゃがいものスープ煮というのがあります。味付を吸味《すいあじ》に仕上げ、水っぽいなりの甘味を生かし、煮る時間を長くして、味がよく染みるようにして、おいしく煮上げたものもあります。熟れたじゃがいもは、でん粉が一番の味わいですが、未熟のうちはでん粉にまだ旨さがありませんが煮くずれがしません。水っぽい軟らかさが、粉質でん粉の欠点である煮くずれを起しにくく、きれいな煮込みが出来ることと、未熟の灰汁が、一段と芋くささを出してくれますので、さやえんどうとの炒煮は代表的な旨煮の一つですね。

じゃがいもも正月を過ぎると、でん粉の粘気が少なくなり、ホクホクとよくくずれてくれます。きんとん風、ポタージュ、マッシュポテトはおいしいですね。エグ味が少なくなって食べ易くなりますが、芽が出始めますのでソラニンという毒物に注意をしなければなりません。

このように、じゃがいも自身、季節を通して変化しているわけで、それぞれの特徴をよく掴んで持味を生かし、それぞれの味わいを堪能したいものです。促成栽培でも抑制栽培でも、手にしたものをよく見きわめて料理の工夫をすれば、おいしく食べられるという気が致します。

白ソースのダマ

ソースの味は、舌の上に乗せた時の感触と旨味、更に喉《のど》を越す時の滑らかなのど、ご、し、の味が決め手をなし、ソースの持味と材料の持味が一体となって、舌なめずりをする旨さを現わしてくれるのです。

西洋料理の、えも言われぬ味を出してくれるのがソースであり、その種類は五〇〇種とも六〇〇種とも言われています。このソースを作ることが料理人にとって、どんな調理よりも難しい挑戦物であり、それに達した時は最高の優越感を与えてくれるものでもあります。おいしいソースが出来た時は、指で一となめした時、思わず頬を綻《ほころ》ばせてしまいます。

そのソースもダマが出来てしまうと、不思議と色、艶、滑らかさ、味が損われてしまいます。カクテルソースでも混ぜ方が悪いとダマが出来ますが、中でも白ソースが最もダマが出来やすい作り方のソースで、なかなか厄介なダマなのです。

では、その白ソースのダマはどのようにして出来るのかを述べてみます。白ソースのダマが厄介なのは、でん粉の糊が固まってダマになり、漉しても液体全体に溶け込みにくいためなのです。糊の固まりは、一度出来たものに後から液体を加えても溶かしても、見せかけの溶解はするが、よくよく見ると、小さな固まりのまま全体に広がっただけで、溶け込んでいないのです。特に固まりが堅いほどダメですね。

昔、私が小麦粉で洗濯糊を作って使っていた頃、よく失敗をしました。糊袋で漉して使いましてもゆるめの時はいいのですが、固い時は乾し上がった洗濯物に小粒の光物が出来てしまい、叱られました。

このダマが出来る原因は、水分と高温によって出来るので、この条件で話をまとめてみましょう。

水分の注意点

でん粉は十分に水分を加えて膨張させ、それから加熱します。更に屁理屈を申しますと、でん粉粒子と粒子の間にも水分を補給してから加熱しないと溶けないのです。純粋なでん粉の片栗粉や葛を使う中国料理のとろみは、小麦粉よりは簡単ですが、やはり、ダマが出来易いのです。葛のダマも水溶きの具合と煮汁の温度を注意しませんと、一度固まると後で汁の中に溶け込みません。ここにも技法が問われます。更にソースにはとろみを付け易い純粋なでん粉を使わず、小麦粉を使うのは旨味があるからなのです。

白いソースを作るには先ずルー Roux（煎り粉）を作りますが、その時のバターの水分、小麦粉の水分が要注意なのです。

バターを火にかけて溶かしますと泡が出ます。これは水分が蒸発する時に出来る泡なのです。次に小麦粉を入れますと更に泡が出来ますが、これも同様の泡なのです。このバターや小麦粉に含まれている僅かな水分でもダマが出来ますが、このとき出来たダマは一番厄介物です。漉しても煮込んでもなかなか溶けてくれません。絶対に作ってはいけないダマなのです。

このダマを作らない為には鍋にバターを入れて火にかけ、熱くなると泡が出てきますが、そのまま火の上で激しく泡が出ている中へ小麦粉を入れるとダマが出来易いので、必らず鍋の中の泡を落ちつかせる（火から降ろすのが一番良い）ことが大切です。

そして弱火で、グルテンが焦げないように煎って水分を蒸発させ、次に液体（牛乳やスープ）を入れます。この泡がなくなれば水分がなくなる事で、次の液体を入れるのに都合がよろしいのですが、それではルーが焦げてしまいますので、泡の状態によってルーの出来上がりを見極めます。

水分が少なくなった状態の泡は小さくなって出て来ますので「泡が細かくなったら」と表現をし、或は泡が小さくなれば、光の屈折変化により白く見えます。バターは本来黄色を示しておりますが、白っぽく見えますので「泡が白っぽくなったら」と表現します。

また掻き混ぜている木杓子も水分が多くある中は鍋床をツルツルした感触で掻き混ぜておりますが、水分が少なくなってくるとカサカサとした感触になってきますので「サラサラしたら」という表現をしております。ルーは時間をかけて煎れば煎るほど香ばしく、更に小麦粉の旨味成分が浮き出てまいりますので、よく煎った方がよろしいのです。

高温の注意点

先に述べましたようにルーを作る時は、バターを高温で熱ししかも火の上で小麦粉を入れますと、僅かな水分でも小さなダマが出来ますので、粗熱《あらねつ》だけでも取り去ってから小麦粉を入れることがダマを作らないコツなのです。

次にルーの中に牛乳を加える時、高温に熱した牛乳を加えるとダマになりやすいので、ルーの鍋を火から降ろし、人肌ぐらいにあたためた牛乳を混ぜるとよろしいのです。むしろ冷い牛乳の方がよい場合もあります。それは分量が少ない時です。多い時は、はじめ冷めた牛乳を入れ、残りを熱くして用いると煮立たせるのに時間がかかりませんね。

油脂は冷い液体を入れれば固まって、モロモロした状態になりますが、小麦粉が滑らかに混ざったルーでしたら、加熱と共にきれいに溶けてくれます。これはブールマニエ（混ぜ合わせバター）で濃度をつける時と同じ理屈になります。

さて牛乳の加え方ですが、一度に全部入れて急いで掻き混ぜながら煮立てる方法が、一番無難な気がします。もう一つの方法に、牛乳を徐々に掻き混ぜながら入れる方法がありますが、これは前述の、糊のダマを作って次にその中に液体を加える事になりますので、高温に熱した牛乳は使用出来ず、木杓子を強く攪拌させながらダマを作らぬように練り上げなければなりません。又は牛乳を徐々に入れながら混ぜてゆかなければなりません。日本料理の胡麻豆腐を加熱する、始めの段階のように、強火で一気に煮立てようとすれば、途中で一度降ろして練らなければなりません。しかし、液体を増し、中火にして掻き混ぜながら練り上げてゆきますと、大変きれいに沸騰まで達することが出来ます。加熱による糊化速度と手の攪拌速度が合わないとダメなのです。

冷い牛乳が入ってルーが固まっても、人肌ぐらいに熱されてくると油脂が溶けますので自然にほぐれてきます。分量が多い時は、この時点で泡立器を用いて手早く散らすと、間違いなしに滑らかに出来ます。しかし、泡立器で鍋をこすらないようにしないといけません。金気が出て味が落ちますので……。

それからルーに用いる油脂は、サラダ油やラードですと水気がありませんので作り易いですね。しかしバターの方が作りにくくても味が良いので、特殊な時以外はラードやサラダ油はあまり用いません。

バターも一度溶かして上澄液を取りわけて用いると、少し贅沢な使い方ですがルーが作り易いです。

ソースの味の決め手

ソースの味の決め手は塩です。ソースの語源もサルセというラテン語で、意味は、塩味をつけた、ということから生まれておりますように、材料の持味を生かしておいしくするのは塩なのです。ソースには油脂や香辛料、酒、トマト、その他の野菜、そして肉エキスが用いられますので、複雑になればなるほど塩味をつけるのが難しくなります。

ソースを作るのに用いられる材料は或るものは引き立て、或るものは押えて……という工合に、材料によって独特のソースの味を作り出してゆくのですが、ソースは料理の主材料を引き立てる役目ですから、作り甲斐のある仕事です。コク味、旨味、甘味、酸味、風味などと味の深さ広さを巧みに作り上げ、微妙な味のソースを作り出すのです。

この微妙な味の決め手が塩なのです。

例えば、白ソースの味は、塩を入れないうちは水っぽい糊の味ですが、少しずつ塩を入れては味を見てゆきますと、先ず牛乳の甘味が浮き出てまいります。次に酒が入っておりますと、その香り、また香辛料の香りが出ます。次にバターの風味と牛乳や肉エキスの旨味を感じ、もっと塩を入れますと濃厚なソース味になってしまいます。この変化の段階をどこで止めるかは、料理や食べる人の好みや季節が決め手の対象となります。

トマト味を使ったソースは、どんな時でも、トマトの酸味と甘味を思い浮かべて味付すると間違いがない気が致します。逆に肉エキスも、青身の魚の煮出汁を加えた時は塩を少しきかせたり、マヨネーズやドレッシングのように、油を多く入れるものも塩を少し強めに入れると、油っぽさや生臭さが消えておいしくなります。

要するに、日本のしょうゆや、しょっつる（塩汁）を用いて味付をする料理も難しいのと同じような気が致します。

煮物

茹でる

茹《ゆ》でるという方法は調理の下ごしらえが主でありますが、茹でるだけで味付をして食べる料理もあります。浸物、和物《あえ》、サラダ、煮物代り等と割合に種類があります。方法としては、

㈠短時間の場合
㈡長時間の場合

があります。

㈠の短時間の場合、熱湯をさっと通す茹で方、水から火にかけて煮立ったら取り出す茹で方、軟化を目的とせず数分間茹でる場合があります。これらはあく抜き、香り出し、色出しをする場合と、形を整えるために茹でる場合とがあり、それぞれ目的に合わせた茹で方をいたします。

前者の方法の場合、野菜を茹でる時、酵素を破壊する温度が目的の手引湯（野菜に当る温度が60度）と言いまして、60〜80度ぐらいの湯の時と、沸騰した湯の時とがありますが、いずれも材料の軟化はさせませんので後処理が大切です。それは手早く冷ますという処理です。すぐ冷水にとって笊《ざる》に上げる、或いは生揚《きあ》げ（丘揚《おかあ》げ）と申しまして、冷水に取らずに笊にいきなり上げて、扇《あお》いで急に冷ますことを致します。生揚げはあく抜きには向きませんが、香りや甘味が失われず、持味を生かすことが出来ます。

また、魚肉類でも短時間の茹でものがあります。野菜と同様に酵素破壊や寄生虫の殺虫を目的とする手引湯を通す方法があります。いわゆる湯引き、湯洗いと申しまして刺身に用いられ、見た目は火が通ったようでなくて生とは違う状態に変化させる湯通しで、鱸《すずき》、鯒《こち》、鯉などの刺身や青柳《あおやぎ》、牡蠣《かき》などの貝類、海月《くらげ》が代表的な材料です。熱湯を用いる霜降りの方法は、鯛の煎《いり》皮作りや肉類の刺身にも用いられております。このように短時間の場合は、殆どが調理の下ごしらえに使われております。

(二)の長時間茹でる場合は軟化が目的で、茹汁の中に、塩や酢の他にもいろいろ入れて茹でます。よく用いるのは塩で、その他は、あく抜きと全く同じであります。同じほうれん草でも目的に合わせて重曹を入れたり、塩を入れたり、何も入れなかったり、銅を入れたりと、多様であります。その塩も入れる方がよい、いや入れない方がよいと、同じ材料を茹でるのにも分かれた声がありますので、私が実際に同時に実験してみたところ、次のような違いを発見いたしました。

ほうれん草の場合は、塩を入れない方が渋味が抜けて甘味が増しますので、茹でてすぐ食べる時は良いのですが、時間が経つと（半日が限度）色が悪くなります。塩を入れる方は、アクは押えられて残りますが、色が一日以上保たれ、見た目は大へん良いのです。他の葉緑野菜の全てが同じような結果になります。

次に、じゃがいもで比べてみましたところ、塩入りの水で茹でた方は芋の香りが大へん強く、一～二切れはおいしく食べられますが三～四切れになりますと芋くささで飽きてまいります。その点、塩なしの水で茹でた方は一～二切れは水っぽく感じますが、塩をつけながら三～四個と食べても飽きず、むしろだんだん甘味が感じられ、いくらでも手が出るといった感じです。マッシュポテトのように後から味付を微妙につけて、付け合わせに用いる場合はこの方法がもってこいの茹で方だと思いました。

人は、次から次へと色々な方法を考え出し、良い方法を見い出してゆきますが、まだまだ埋もれている良い方法がたくさんあると思います。

アスパラガスも、作っている方々からきいた茹で方は、今までの方法とは全く違った、塩無しで沸騰前の温度で、しかも蒸らして……という方法で、私が実際にやってみましたところ、おいしかったです。古人の知恵に新しさを加えて勉強しなければなりません。

また、昔から茹で方について次のような言いつたえがあります。

地面の上のものは湯から

地面の中のものは水から

これも理に適っております。地面の上のものは色ものが多く、しかも早く軟らかになり地中のものは比較的固いものが多いので、水から茹でる方がよろしいのです。例えば、じゃがいもを湯から茹でますと、周囲が早く軟らかくなり過ぎて、芯が軟らかくなる頃には周囲が煮くずれし易いのです。その為、水から茹でた方がきれいに茹であがるのです。

野菜のあく抜き

あくとは不味成分と申しまして、渋味や苦味のことを一般的に言われておりますが、野菜のあくの場合、野菜にとっては大切な栄養成分でありまして、芽吹いて成長するまでの重要な役割を担っております。しかし食べる私共にとっては時には旨味になり、時には不味になる成分なのです。要するに多すぎると不味になり、程々の分量ですとこれは旨い!!喉越しの味じゃ!!　ということになります。

このあくの成分は、程々の分量では栄養になりますが、多すぎると下痢をしたり、聞くところによりますと死にもつながる成分ときいております。抜きすぎると却って間のぬけた味になってしまいますのでほどほどに、あく抜きをしなければならないのです。

さて、あくの抜き方ですが、あくは野菜が芽吹いた時から成長期の段階が一番多く、完熟すると安定した成分に変わりその野菜ならではの風味を与えてくれます。その完熟という時期が旬《しゅん》という時期なのです。その野菜により芽吹いた頃、生い茂った葉っぱの頃、成長した茎の頃、そして花や実の頃と、私共にいろいろな味わいを与えてくれています。一つの種類でこれ等を全て味わわせてくれるものもあれば、その時期ならではのものもありそれ等は季節と共に歩んでおります。

一般的なあくの抜き方を二つに分けますと、

㈠あく成分を野菜から抜き取る方法

㈡あく成分を野菜から出ないように押える方法

となります。

あくと言われる成分は主にアルカリ性を示す物質で、アルカロイドや配糖体、また無機塩類や油の成分など、複雑な物質が集ったものであります。

性質はアルカリ性に溶け、水に溶け、油に溶けますが、空気（酸素）に触れると酸化して色や味が悪くなり、成分が変化してしまいます。これは酵素によって起りますので、その酵素の働きを押えてしまうと起らないのです。完全に押えるには熱分解がよく、一時的には酸や塩の入った液体に漬けて、酸素を遮断するとよろしいのです。

㈠あく成分を野菜から抜き取る方法

先ず㈠の場合は、あく成分を抜き取る方法ですが、水に漬けたり、灰汁に漬けたりして完全にあく成分をその野菜から抜き取ろうという方法です。水に漬けておくのが一番無難なのですが、あまり効果がありません。あく成分を取り出す液を適当に使いながら水にさらすと効果が上がります。

あくを取り出す液は、主にアルカリ性の成分を多く含んでいるのですが、例えば灰汁、番茶汁が主で、大根おろし汁、竹の皮、卵白、油、でん粉などを使った汁に漬けたり、茹でたり致します。添加物としては重曹が手っ取り早いです。

この中で灰汁や番茶を使う方法は古くから広い範囲で使われておりまして、あく抜きとしては完全です。しかし灰や番茶のくせが残ります。そのくせとは匂いや渋味や苦味などですが、このくせを抜く後処理も忘れてはなりません。食物によっては後処理のしにくいものもありますので、中には使えない食品もあります。

それは軟らかくなり易いものや、色彩上のものや、中まで液が浸み渡るもの等です。そういう時、やや効果は落ちますが、部分的に効果のある大根、竹の皮、卵白、油、でん粉などを使用致します。もちろん、これらも後処理が必要です。

大根は白色で苦味を持ったものに使われ、竹の皮は豆や魚、青菜を茹でる時に使われ、卵白は砂糖のあく引き、スープのあく引きが有名ですね。油は中華料理の油通し、山菜の天ぷら、おふくろ料理の代表格、油で炒めて煮上げるものなどでよく行われている方法です。

因に、西洋料理のスピナッチサラダ（ほうれん草サラダ）を或るホテルのコックさんが食べる人の目の前で作って下さったことがあり、なるほど……と思ったことがあります。それは生のほうれん草その他の野菜を器に盛り、熱くしたフレンチドレッシングを上からかけるのです。実に堂に入ったもてなし方でしたが、これが油によるあく抜きの方法だったわけで、東西を問わずこの原理を用いているのです。

もう一つは、でん粉を使ったもので広範囲に使われております。米のとぎ汁、米糠、米、小麦粉です。これは根菜類、茎菜類、果菜類（花物も）、葉菜類、茸類と、数多く使われますが、やはり使用後の処置を的確に行なわないと酸っぱくなりやすいのです。

こんな失敗例があります。梅干を漬けるのに梅を一晩水に漬けて、あく抜きをしますが田舎で、とぎ汁に漬けると良いと教わり、早速作ってみたところ、梅干が酸っぱくなりました。どこか作り方がいけなかったのかしらと、再度作りましたがやはり同じでした。いつしか私の口から呟きが出ていたらしく、15歳の若い彼が「おばあちゃんが、とぎ汁で梅干を作ると酸っぱくなるよ、と言ってたよ」と教えてくれました。

お蔭様で大へんよい経験を致しました。とぎ汁の直接原因か、とぎ汁によるあく抜きにより酸味が浮き出たのか、今でもまだわかりません。

㈡あく成分を野菜から出ないように押える方法

次に㈡のあく成分を野菜から出ないように押える方法ですが、これは先に述べましたように、酵素の働きを押えることによって、あくによる味の変化を起させない方法なのです。酢水にさらしたり、塩水にさらしたり、60度くらいの温度で加熱して酵素を死滅させたり、更に添加物として、みょうばん水にさらして、あく抜きをしております。このように酢水や塩水やみょうばん水はよく使われておりますが、加熱による方法は調理法に何気なく使われております。

例えば、緑茶の製法がこれを取り入れております。生葉を60〜80度ぐらいの蒸気で蒸して酵素を死滅させると同時に、葉を軟らかくし、揉んで香りを出し、緑色を保持させ、更に夏越しの熟成にもよい条件になっているのです。また胡瓜の塩漬けや、からし菜漬、菜の花漬けも熱湯を上手に使ったこの方法なのです。

この(二)の方法で昔から、れんこん、うど、ごぼうといった白い野菜のあく抜きに、酢水にさらすと良い、いや真水が良いと言われてきましたが、この両者は原理的には先に述べたように相反する方法なのです。そこでこの二つの方法で実験をしてみました。

ごぼうを千切りにして片方は真水、片方は酢の3％溶液でさらし、10分後に二つを比べてみました。真水の方は液が緑っぽい褐色で、ごぼうの切り口は白色がかっており、酢水の方は液が明るい茶色で、ごぼうは真水と同じ白色がかった色でした。皮の部分はいずれも同系色でした。

次に30分後に比較してみますと、真水の方の液は緑がかった茶色が濃くなり、黒ずんで見えるが切り口はより白く見えた。噛むと、ごぼうの風味と甘味を感じた。一方酢水の方の液は10分の時と全く同じ明るい茶色であったが、切り口はやや黄色味を帯びており、噛むと、ごぼうの風味や甘味は感じられず、生臭い匂いだけでした。

更に4時間後（半日ぐらいということで）に結果を見てみますと、真水の方は30分後と全く同じでした。酢水の方も30分後と全く同じですが、噛んだ時、酸味を感じました。そして一晩ぐらいのつもりで9時間後にもう一度結果を見たところ、両方とも4時間（つまり30分後）とほとんど変らなかったので、茹でて食べてみました。真水の方は色も香りも味もおいしく、軟らかく茹で上がりましたが、酢水の方は黄色っぽい色に茹で上がり、ごぼうの香りも味もなく、歯ごたえが硬くて軟らかくなりにくいのです。

ズバリ結論は、酢水にさらすのは短時間の即効型で、真水の場合は長時間型であるという事になります。あくはあくで持って……という言葉の裏側をのぞいたような気が致しました。

ついでに、こんな例も実験してみました。ごぼうのあく抜きは、水を取り換えない方が良いと言われていますが、何回となくマメに水を取り換えてみました。何れの方法もごぼうは色が白くなりますが、マメに取り換えた方は茹でた時ごぼうに硬さがあり、放置した方は軟らかく茹で上がりました。このことから、よほど色を白くしたい時以外は、水に漬けっぱなしの方が良いようです。蓮根、独活《うど》も然りです。

一方、野菜のあくの抜き方として、一般的には地面の上のものは程々まであくを抜いて調理をし、地面の中のものは押えて使うものが多いのです。つまり、太陽に当ったあくは強すぎると害になりますので、本来のあく抜きを致します。

最近、栽培技術が発展して、いわゆる「もやし」にして食べる種類が多くなりました。茗荷竹、独活、芋柄、韮、もやし類等々です。しかし、これらも太陽に当てると（北側の明るい場所でも）緑色に変わり、食べられなくなりますので注意が必要です。太陽や金気は、あく成分の相乗的な働きを致しますので、買い求めた野菜の保管場所に注意をしたり、調理の際に使用する道具が錆《さび》ていたりキズがついていたりしないものを選び、更に砥《と》ぎたての包丁は使用しない方がよろしいですね。

煮もの

水加減、火加減、煮加減（味加減）という言葉があります。

煮ものは料理の中でも難しい料理とされ、昔から煮方さん八年と言って、料理修業の中での仕上がりでは最後のコースでした。つまりそれくらい煮もののコツというのは言葉通りには仕上がってくれず、複雑で微妙な条件を沢山持っています。それだけに、おいしく煮上がった時の嬉しさは格別です。私ごときが煮ものについての註釈を言う立場ではありませんが、今まで手習いをして、自分なりに感じたことを書いてみたいと思います。

先ず煮ものの目的を箇条書きにしてみますと、

㈠材料を軟らかくする。
㈡材料の成分（旨味）を引き出す。
㈢調味料や他の材料の味を染み込ませて主材料の味を引き立たせる。

郵便はがき

恐縮ですが
切手を
お貼り下さい。

101-0054

東京都千代田区神田錦町
3-14-3　神田錦町ビル202

三月書房
編集部　行

TEL. 03-3291-3091
FAX. 03-3291-3091

本書名

〒

ご住所

ご氏名

年齢（　　　）

職業（　　　）

でんわ

（　　　）

お買い上げ書店名

●愛読者カード

ご購読ありがとうございます。新刊のご案内、企画編集の参考にさせていただきたく存じます。

ご感想をおきかせ下さい。

本書ご購読の動機 (○印をおつけ下さい)

(1) 随筆が好きだから
(2) 著者が好きだから
(3) 本の型や装幀が気に入って
(4) 書店で見て
(5) 書評を読んで
(6) 小社DMを見て
(7) 知人にすすめられて
(8) 人に贈られて

小社の書籍をご希望の際は、このハガキをご利用下さい。又はお電話にてお申込をお待ちしております。本代は現品到着後に同封郵便振替でお願いします。なお送料は実費を頂いております。

となりますが、それぞれ個々に、関連した例をあげながら説明をしてみましょう。

㈠材料を軟らかくする

加熱によって組織の軟化という物理変化を起こさせるわけですが、その軟化には色々な変化があります。「鳥の一ふき、魚の二ふき」といって、火入れはするが肉質が加熱によって堅く締まらないうちに食べるという、つまり、さっと煮るという煮方と、同じ材料を更に長時間の加熱によって、堅く締まった肉質を結びつけているたん白質を溶解させて、軟らかく煮上げて食べる方法とがあります。

動物性食品では、いか、たこ、貝類のように脂肪分の少ない、淡白な味のものは一般に短時間の料理法が多く、よく運動をしている野禽類や、同じ牛豚でも運動に関係して、その部位によってさっと煮るか長時間煮るかの違った方法になります。

野菜も、さっと煮て歯切れのシャリシャリを残すか、長時間煮てムッチリと軟らかくするか、材料や料理の種類によって方法が変わってまいります。れんこん、ごぼうがよい例ですね。

㈡材料の成分（旨味）を引き出す

材料の組織は、その成長度や造り方（例えば養殖や促成栽培や抑制栽培と自然栽培等）によって大きな差があります。

未熟なものや造られたものや繊維の軟らかいものは、短時間の加熱によって材質が軟らかくさえなればその旨味も味わえるので、竹串がすっと通る程度で十分です。しかし自然に熟れたものや運動の激しいものは、歯が立つ程度の軟らかさになってからその倍の時間をかけて煮上げると、得も言えぬ旨さが出ます。煎じるという言葉のように、その材料の持っている成分を引き出すわけで、昔からの薬餌ですね。

また「煮染《にし》める」という言葉もあります。煮始めは生臭いというか青臭いというか、生の匂いがしております。次に軟らかくなり始めると煮ものの匂いがし始め、煮染ってくると、ひき込まれるような旨さが漂ってまいります。よく、調理人は鼻が悪くちゃダメだといわれますが、匂いで煮上がりを確かめる事が出来ます。

(三)調味料や他の材料の味を染み込ませて主材料の味を引き立たせる

甘味を持った材料は甘く、苦味を持った材料は塩味で、と言われておりますが、甘い材料を甘く煮ることは案外煮やすいが、苦味を持った材料を甘く料理するには、たくさんの甘味を入れないと苦味が緩和されず、例え苦味が消えたとしても、甘味のために材料自身の持っている甘味（風味）が消えてしまうので塩味で調味した方がよろしいですね。

例えば大根がよい例で、おでん味のように塩味加減で仕上げると、大根の苦味が抑制されて甘味が感じられるのです。日本料理には砂糖味、西洋料理には塩味と言われるのも素材の違い、つまり気候風土嗜好の違いから、日本の材料は苦味成分といわれる灰汁が少なく、西洋では反対に成分が強いという違いから生まれるわけです。

私は或る講習会で、失敗がケガの功名となって、珍味を味わった経験があります。その経験とは生節《なまり》と焼豆腐と焼葱の炊き合わせを作りました時で、或るグループが起したハプニングでした。

味付をする時に、カラメルソース（砂糖を180度以上に熱して作ったもの）としょうゆを間違えて入れてしまったのです。しょうゆを大さじ二杯入れるところを、カラメルソースが大さじ二杯入ったのですからたまりません。大変な苦さです。

ヒソヒソ、ワイワイ、何やら様子がおかしいので「どうしました？」と聞きましたところ、「すごく苦いんです!!」と返ってきた。おかしいナ、と思いつつ味をみましたら苦いのです。色が同じだから「これはやったナ」と思って、「これを入れたんでしょ!!」と、容器を見せると「そうです」と小さな声が返ってきました。

しかし、いやな苦味ではなかったので、煮汁にしょうゆと塩を補って味直しをして、恐る恐る煮汁の味見をしますと、意外や意外、おいしかったのです。むしろ生節の生臭みを感じさせず、甘味が消されて、さっぱりした味付の炊き合わせが出来上がったのです。これぞケガの功名というわけですね。

尤も、この料理の特徴は、焼葱の焦げ味が生節の生臭みを消してくれるおいしい料理ですよ……と説明をしているのですから、カラメルソースの焦げ味も同じ仲間だったので助かったわけですね。でも、カラメルソースをこんなに多く使った料理は初めてで、しかも案外いける味に仕上がったのには驚きました。ヒットした料理ではありませんが、何か他の料理の試作にヒントとして使えるのではと思っております。

水加減

煮物の水加減（煮汁）は材料にひたひたが一つの目安であり、次に材料の性質、例えば季節、新しいか古いか、吸水の有無、水分滲出の有無、調理法、加熱時間、鍋の種類と、色々の角度からの微妙な変化により水加減がなされるのです。この手加減がわかる頃には料理に相当な経験を重ねているわけですが、教わった通りに調理をしても、いつでも同じように出来上がらないところが調理の難しいところで、同時にやりがいのあるところでもあります。

私も日本料理、西洋料理、中華料理を問わず、煮物を作ったとき、「おいしいよ!!」と一言いわれた時が一番嬉しいですね。しかし、そういう時、さてどのようにして煮たか、いつもの煮物との違いはどこだったかと思い返しても、はっきりとは答えられないことが時々あります。

これを繰り返しているうちに、何時の間にか煮方が出来上がってきている事に気付く、そして始めの頃の下手な煮方を忘れている、これが経験なのですね。身体で覚えるということは、1＋1＝2とはならず、4にも8にもなり得る気が致します。

もう一つ、この水加減と深いかかわりあいがあるものに、落し蓋の効用というのがあります。煮汁は出来るだけ少ない方が材料の旨味が滲出しにくいわけですから、水分を少なくしておいしく煮る為に落し蓋を使うわけです。この落し蓋を別名中蓋とも言います。落し蓋の効用は、先ず熱効率がよいことです。早く煮え、しかも芯までよく煮えます。また対流がよく行われるので味がよくゆき渡り、しかも鍋返しの必要がないので、煮くずれがしにくいという利点があります。この利点を最もよく使いこなしている煮物が関東風芋の煮方、つまり芋の煮っころがしであります。

始めは材料ひたひたに煮汁があって、ちょっと小さめの中蓋（鍋の周囲より1.5センチ位空く）、つまり落し蓋をして煮始め、時間がたつにつれて煮汁がだんだん減ってきますが、煮汁に濃度が増すために、火加減は始めと変わらぬ文火《とろび》で煮ても煮汁は蓋まで対流してくるのです。

3～4時間煮込んで、煮汁が1/4位まで減ってきても、鍋返しをする必要がなく、上部の芋も下部の芋も同じように煮上がるのです。少し深めで厚手の鍋に肩までの材料を入れて煮るのですが、芋の味が上手に生かされて、どこか旨さが違うような気が致します。

中蓋は一般的には木製を使いますが、鍋返しがしにくい時、また材料自身が煮くずれしやすいものを煮る時は、和紙又はパラフィン紙か布巾を使います。

代用としてよく皿や金属製の鍋蓋を使うこともありますが、蒸気が蓋についたとき水滴となって戻るため、熱効率から言ってあまり感心致しませんが、しないよりはした方がよいのです。

しかし、出来るだけ色彩の使用されてない皿を選ぶか、熱や調味料により変色しない皿を選んで下さい。

火加減

加熱調理で一番むずかしいのは火加減です。「文火《ぶんか》武火《ぶか》」と、何やら音の調子が出そうな言葉は、実は火加減のことで、文火とは、とろびと読み、弱火のことで、武火は、たけびと読み、強火のことです。この弱火と強火の加減を上手に使いこなせるように鍋の中を絶えず見ながら煮物を作ります。

材料の色加減、煮え加減、味のつき工合を作り出してゆくわけです。口では簡単に「弱火にしましょう!!」とか「さっと強火にしましょう!!」と申しますが、鍋の中は掛声ほど簡単には言うことを聞いてくれません。だからこそ、やり甲斐もあるわけですが……。鍋の材質、形、大きさ、熱源の性質、部屋の情況などと条件をあげると、まだまだ数多くあります。

先ず、この文火と武火の目的を述べてみましょう。

強火（武火）は生臭みを飛ばし、形を整え、水分を蒸発させる時に主として使います。「鳥の一ふき、魚の二ふき」という昔の言葉にありますように、極く短時間で加熱したい時にも使います。

また弱火（文火）は沸騰を持続する程度の火加減で材料に火を通し、旨味を引き出し、味をつける場合に一番よく使われ、その他には料理内容によって沸騰を持続……つまりコトコトという表現を致しますが、コトコトコトとコト…コト…というふうに、前後の強弱も加わりますので、複雑な内容を持った加減なのです。

つまり、このコツは、煮汁を出来るだけ濁らせない時の方法です。適度の乳化はおいしいのですが、濁りはいけません。魚であれ肉であれ、野菜であれ、酸っぱいような生臭さを感じさせてしまいます（あまり表現が的確ではありませんが）。脂肪を含んだ材料の煮物や煮くずれしやすい材料の煮物、そして油脂を使った時の料理の場合には特に注意をしてください。

また、逆に乳化させて煮たシチューやおでんもおいしいのですが、材料の悪いくせが表面に浮き出ているような煮方をした時、つまり無理な濁りの仕上がりをした時は、そんな気が致します。

煮物の一般的な火の運びは、始めの煮立つまでが強火で、その後、大体5分前後は強火で整えて後、弱火にして十分に加熱するのです。始めの強火は決して材料が軟らかくなっては困るのです。物によっては1～2分のものもあり、一煮立ちで弱火にするものもあるわけです。

例えば、煮魚は煮立って3～4分は強火、南瓜の旨煮も然りです。生節の煮物や生湯葉、生麩の煮物は煮立ったら、ただちに弱火にして煮ないと濁っておいしく煮えません。このように材料の性質によって変化させせます。

煮加減

煮加減は、味加減食べ加減とも言われ、要するに煮方の仕上がりであり、頃合いなのです。お祖母さんの作って下さる煮物は……と言われる類は、この煮加減が完成されていることなのですね。

材料の顔色を見て、手の打ち所をさっと決められるなんて、どんなにかすばらしい事でしょう。それには幾多の経験が必要なのです。自分で確かめるもよし先輩に習うもよし、自分なりのレシピーを作り上げて行きたいものです。

先ず、煮方の違いとして次の条件があげられます。

㈠鮮度の良いものと悪いもの
㈡完熟したものと未熟なもの
㈢身のしまるものとくずれるもの

㈣材料の表面にだけ味をしみ込ませるか中までしみ込むように煮るか

これらの、それぞれについて例をあげてみましょう。

㈠鮮度の良いものと悪いもの

鮮度の良いものと悪いもの、これは魚の場合が一番よく解ります。活きているものやそれに近い鮮度を持ったもの、つまりピンと硬直している魚は、短時間で味付も上品に仕上げるとよろしいし、鮮度が落ちた魚は、味付をはっきりつけ、煮上げる時間もやや長めにしますとおいしく煮上がります。もちろん脂ののり工合や魚の種類によっても、相当な差があるものもあります。

野菜も同じく新鮮なものは繊維も早く軟らかくなり、甘味もよく感じる事が出来ます。

㈡完熟したものと未熟なもの

完熟と未熟では特に野菜は煮方が違う場合があります。例えば、新じゃがと言っているいわゆる未熟なじゃがいもは、水っぽさと一方的なえぐ味を持っておりますので、油で処理したり動物性の肉を使ったり、味付を濃くしたり致します。

初夏に作る新野菜のスープ煮という料理がありますが、鶏の骨付と一口大の新野菜（じゃがいも、人参、玉葱）を塩味仕立に煮上げたものです。15分も煮れば材料は軟らかくなりますが、おいしさが感じられません。新じゃがのえぐ味、人参の臭さ、玉葱の甘さが別々で、しかも日持ちもあまり致しません。それを40分〜一時間煮ると、全体が上品な味に変わり、しかも三日は持ちます。時期的に梅雨時でありながら……。これは煮加減以外に火加減、水加減ももちろん大切であります。

㈢身のしまるものとくずれるもの

身のしまるものとくずれるものは、例えば貝や烏賊《いか》のように身のしまるものや、鰈《かれい》や甘鯛のように身くずれしやすいものも、それぞれ煮方の違いがあります。貝や烏賊は一ふきの火入れにして取り出し、煮汁を詰めて浸けておく方法を致します。鮹《たこ》や鶏肉や牛肉もこの方法で煮上げるとよいですね。また、煮くずれしやすいものは少し時間をかけて煮るか、調味料に酒やみりん、水あめ、砂糖を上手に使って、くずれないように煮上げます。しかし魚の調理時間は20～30分で十分ですがくずれやすい魚の場合、こんな方法もあります。調味料は分量どおりに使って水や酒を多めに入れ、かぶる位の中で15～20分ぐらい煮て魚を盛り器に取り出し、残りの煮汁を強火で、とろりとなるまで一気に煮つめて魚にかけて供するとおいしいですね。この煮方は、魚が薄味に仕上がって、表面にかけた煮汁がとろりとした濃味のタレの状態で味わえるわけです。脂ののった魚や身の軟らかい魚によい方法です。又、塩でしめてから煮る方法もあります。

㈣材料の表面にだけ味をしみ込ませるか中までしみ込むように煮るか

材料の表面と中までの場合ですが、料理された材料の表面にただ塩を振って食べたり、表面にだけ味付される煮物は、比較的短時間で仕上げるものが多いのです。例えば軟らかい魚や豆腐、くせの少ない野菜、軟らかくて新鮮な野菜がそうです。

中まで味をしみ込ませるものは、乾物や固めの材料やくせの強い野菜に多いですね。例えば新ごぼうの金平《きんぴら》は、油で炒めて調味料だけで仕上げ、旬《しゅん》の冬のごぼうは、よく炒めて更に少しだしを入れて味がしみ込むまで煮るとおいしい金平に仕上がります。

煮加減の時間は短いからよい、長いからよいというものでもありません。その頃合いが、それぞれあるわけです。

材料すべてに共通することですが、煮上がりは、短時間で煮上げても長時間で煮上げてもその料理の旨そうな匂いが漂ってくればよいわけですね。

材料の持味が加熱により分離して浮上し、加えられた調味料と一致した時、味が決まるわけで、新鮮な生の材料は早く浮上し、鮮度が落ちたり、一度加工された材料は、時間をかけないと味が決まりません。

煮豆を短時間でおいしく煮上げる

「畑の肉」と言われる豆類は、すぐれた栄養源を持っており、古代より食用とされております。

特に大豆は中国が原産地で、我が国にもたらされてから、食事に欠くべからざる食品となりました。今もアメリカで大量に生産され、世界をゆり動かす食品になってきておりますが、日本人の食事を支えてきたこの大豆が家庭の食卓では、果してどれだけ料理されておりますでしょうか。

味噌、しょうゆ、油脂といった加工品はさておき、豆自身を調理する事、つまり「豆を煮る」ということは、手間ひまのかかることと思われて、なかなか料理する気になりにくいようです。昔から色々な方法で料理されてきましたし、研究も積み重ねられてきましたが、今日でも例えば黒豆を煮る場合、軟らかくするだけでも5〜6時間はかかります。

ところが、或る時、講習会で3時間で十分調理が出来、しかもそれ以上加熱しても豆に変化がない事を教わり、自分で煮てみましたところ、本当に軟らかくなり、3時間以上蜜の中で煮すぎても、何等変化が起きませんでした。しかし、食べているうちに飽きます。口の中にいやな味が残りました。

赤堀式の煮方は、手間ひまがかかりますが飽きない味です。そうこうして、食べ比べているうちに気がつきました。3時間の方は、重曹の味だったのです。赤堀式は添加物を使わず、自然の味を生かしております。何回か失敗を繰り返しているうちに、成功する条件が大体まとまってきましたので、幾つかの要点をまとめてみました。

㈠重曹のような薬物を使わず、出来るだけ自然の状態で煮る。
㈡特別な道具（圧力鍋など）を使わず、どこの家庭にでもある道具を使う。
㈢短時間でもおいしいこと。
㈣従来の豆を煮るおっくうさをなくし、手軽さを感じさせること。

その結果、重曹を加えず、普通のアルマイトの鍋でも3時間で煮上がり、おいしく食べられる煮豆が出来上がったのです。まだ完全ではありませんが、それに近いものが現在出来ました。もっとよい条件、もっと短い時間で出来ることもあり得るわけですから、今後の研究にしたいと思っております。

さて、その条件は次の通りです。

㈠良質の材料（特に新しいもの）を選ぶ事。
㈡十分に水で復元させる事。
㈢復元させた時の戻し汁のまま、始めから砂糖を加えて煮る事。
㈣火加減は、絶えず対流する程度に保つ事。
㈤煮ている途中や煮上げてからも、豆は煮汁から出ない事。

これに使った材料は黒豆です。豆類には、たん白質系の豆、でん粉系の豆、蔬菜系の豆に分類することが出来ますが、たん白質系の豆は脂肪分も多く栄養的にすぐれておりますが煮るのに時間がかかります。中でも黒豆は身がしまりやすい、つまりシワが出来やすい豆です。黒豆の3時間を筆頭に、味噌大豆は2時間、でん粉系の豆は1.5時間から2時間ぐらいで煮上がります。特に大正金時のように煮くずれしやすい豆は、きれいに煮上がります。ただ、お多福豆は今のところ、どうしても成功致しません。吹き豆にするには大変よいが、皮はなかなか軟らかくなりません。重曹を使えば皮を軟らかくすることは出来ますが……。

次に、それぞれの条件の経過を説明してみましょう。

㈠良質の材料を選ぶ事

豆の状態によって早く軟らかくなるものもありますが、要するに新しいものがよいわけです。その年に収穫されたもので、収穫後、出来るだけ自然の状態で保存されたものがよいのです。洗って艶出しをしたり、密閉容器に保存してあったものは香り、味、軟らかさに一味足りないものを感じます。

もし一升、二升と保存しておく場合は、保存の方法に十分注意をしてほしいですね。それから豆の粒が大きすぎたり小さすぎたり、形がよくなかったりするものも、一味ちがいます。見るからにその豆らしい形、姿をしたものがよいわけです。

㈡十分に水で復元させる事

つまり、戻し方ですが、乾物はすべて十分に水を含ませて、元の生の状態に戻さねばなりません。物理的にいう、十分に膨潤させることです。皮にシワがなく、ピンと張った状態になるまでということで、別表（一一五頁参照）のように水だけでなく、何か添加して良い状態になるものがあるのではないかと思い、今まで耳にしたことを行ってみましたが、結果から申しますと、水で戻したのが一番良かったのです。

戻す時間は、豆の種類、新旧、夏冬の条件で多少違いますが、一晩位（約10時間）が良いようです。豆は活きておりますので、これ以上になりますと濁り始めます。水自身も、夏の暑い時には醗酵し始めますので更に悪臭が出てまいります。

そこで、浸透圧という働きから、早く水を含ませるために細胞の濃度と同じ濃度の塩や砂糖を用いてみました。戻り方には影響がなかったのですが、濃度の濃いものは煮方の方に影響致しました。細胞濃度と同じ濃度で十分に復元させても、煮えにくいのです。豆の身がしまってしまいます。特に塩を入れた場合は、砂糖がききません（この方法は砂糖を後から加える煮方も不可能です)。

それから、戻しすぎて汁が醱酵した場合も生臭さが残り、あまり感心いたしません。更にお湯で戻した場合も、熱湯を使った時は戻り方はやや早いものの、煮上げると、豆の生臭さが残り、更に60度ぐらいの場合は、水の場合と時間的にも煮上がりにも、ほとんど同じでした。

結局、水で十分に復元させることが一番よいという結果が出たわけです。

㈢復元させた時の戻し汁のまま、始めから砂糖を加えて煮る事

十分に戻した豆をそのつけ汁のまま、砂糖を全部入れて火にかけて煮上げると、3時間で煮上がるのです。㈠㈡㈣㈤の条件は、煮豆の必須条件で、㈢の方法つまり、煮方の違いによって色々な方法があるわけですね。

この3時間で煮る方法には、**戻し汁のまま**と**砂糖を始めから**というのが必須条件なのです。

まず、**戻し汁のまま**ですが、戻し汁を捨てて、きれいな水で砂糖を入れて煮てみました

が、なかなか軟らかくならず、食べられはしますが、どこか固さが残ります。大豆系の種類は渋（あく）も少なく、むしろ味の上ではおいしくなり、栄養も豊富ですから捨てずに利用すると同時に、煮豆のためにも使用すべきです。

小豆や、うずら豆のように渋切りしないと味に不味成分として感じるような時は、ゆでこぼし（渋切りという）をした方がよく、小豆はむしろその方が早く軟らかくなります。うずら豆は小豆とちがって、お菓子よりは料理に使う事の方が多いので、味の点で気にならない時はそのまま煮上げ、気になる時は始めひかえめの砂糖で軟らかく（一時間位）煮上げて更に新しい糖液で煮ると、くせもなく砂糖も多少の無駄がはぶけます。しかも、うずら豆は軟らかく茹でてから砂糖を入れる方法ですと、大変煮くずれを起しますが、始めから砂糖を入れる方法ですと煮くずれがしにくく、きれいに煮上がります。

戻し汁にアルカリ性の成分でも（重曹のようなもの）浸出しているのかとPHを見ましたが、弱酸性でした。何が豆自身を守るというか、軟らかくおいしくしてくれるのかわかりませんが、前にごぼうのあく抜きのことを書きましたように、ごぼうと同じく、豆が豆の成分で他の変化を受けにくくしているのだと思います。

砂糖を始めから全部入れるという条件ですが、煮豆にシワが出来、身が堅くしまるという事が一般通念であり、事実、十分に軟らかくならないうちに砂糖を入れると、そうなってしまいます。まして生のうちから入れるなんて……と思いながらこの煮方に挑戦してみました。

先ず、習った通りの重曹を使うのを数回やりました。これは全く同じに煮上がります。そうしているうちに、ふっと、重曹を入れなかったら……と思いつき、重曹を入れないで煮てみました。成功しました。同じ方法で二回煮てみましたが、同様に煮上がりました。しかし、重曹を使った時ほど軟らかくは煮上がりませんが、煮豆としては十二分に軟らかく、しかも、いくらでも手の出る旨さです。

ここでまたまた思いつきがあり、つけ汁を捨てて新しい水で同様に煮てみたり、砂糖濃度を変えてみたり、塩味を後から入れてみたりと色々にやってみました。その結果、つけ汁のままでないと煮えにくく、砂糖濃度は小さな数字はわかりませんが10％以上、25％以下が良く、塩味をつけるのは煮ている前後、どちらでも良いことがわかりました（旨さ、という点からは後からの方がよい）。そこで松元文子先生にお伺い致しましたところ、砂糖濃度が上がると沸点が上昇するので、早く煮えるのだと教わりました。砂糖10％で一〇〇・四度、20％で一〇〇・六度、30％で一〇一・〇度と上昇するので、例えば沸点が一〇〇度になる事、更に一度上がるという事は、軟化させる事に対して大きな働きがあるから、早く煮上がるのであります。

豆を軟らかく茹でてから砂糖を入れるという事は、豆の組織がこわれているために、中途半端な状態では砂糖の脱水作用で豆がしまってしまうから、くずれる位（薬指と拇指でつまんでみて、くずれる位）にまで茹でてから砂糖を入れないと、しわが出来、身がしまってしまうわけです。

生のうちに砂糖を入れた場合は、組織はまだ固く、こわされていない為、加熱により軟化しつつ砂糖が煮汁から豆への移動が行われるので、軟化する頃には砂糖が含まれているのでは……、と判断しております。

つまり、生の細胞は浸透圧という働きによって、細胞液と同じ濃度の場合には液体の通過は行われますが、外溶液が多少でも濃いと細胞内の水分が外に出て、しわが出来てしまいます。しかし加熱により細胞が死にますと、浸透圧は関係ありませんので、砂糖の脱水によるしわが出来ないように煮てしまえばよいわけです。

豆が軟らかくなっているところに砂糖が入ると、脱水されると同時に、組織がしまってしまうか、また、固いうちだと、しまる前に砂糖液が浸み込んでしまうのではと思っております。

㈣火加減は、絶えず対流する程度に保つ事

物を軟化させるには、沸点に近い温度が必要です。その目安は、対流により解るわけです。その対流の強弱により煮方のコツが生まれてくるのですが、文火《とろび》（やっと対流を行わせる方法）を始めとして、材料のくずれ易さに合わせ、或いは使う油脂や調味料に合わせて火加減が生まれます。

この砂糖を始めから入れる方法は、水分の蒸発が激しすぎると煮汁の濃度が違ってきますので、やっと対流が行われる状態でよいのです。コトコトと煮るという煮方ですね。しかも落し蓋に布蓋と言って、布巾《ふきん》を煮汁直下に用いて煮ます。よけいな蒸発を防ぎ、熱効率にも大変役立ちます。

この普通一般の煮物の火加減で、3時間煮るには、豆の3倍の水で十分なのですが、豆が少なすぎたり、鍋が薄手のものであったり、鍋の口が大きく浅手の場合は倍の水が必要です。厚手で深鍋でもホーロー引きやステンレスのように、鍋肌の表面がツルツルしていると煮立ちが爆発的に起りますので、多少、水分を多めに用いなければなりません。また炭火のような軟らかさがない熱源も、水分を多めに用いた方がよろしいですね。砂糖濃度を10％以上、25％以下に保って、煮る時間は大体1時間半～2時間の間で、その後は煮汁がどんどん減ってもかまわず、3時間経った時は、煮汁が半分に減ってもよいのです。アメ状になってはいけませんが……。逆に軟らかくなったのに一向に煮汁が減らない場合も、その後煮つめればよいわけで、つまりは、豆が軟らかくなるまでの時間だけ一定の濃度がほしいのです。

㈤煮ている途中や煮上げてからも、豆は煮汁から出ない事

皮をつけたまま煮る豆は、全て空気に触れるとしわが出来、固くなって行きます。従って、煮ている途中も煮上げてからも、煮汁に浸っている方が良いのです（表皮を糖衣で覆って煮上げたような甘い煮豆は別です）。

特に熱いものを空気に触れさせると覿面《てきめん》ですが、人肌以下に冷ますとしわは出来にくくなります、乾燥状態以外は……。また、砂糖濃度の間違いから出来たしわは直りませんが、

浸水の変化　気候は３月で室内で行う。％は砂糖濃度である。

溶液＼時間	8	10	20	24	30	備　考
A 水のみ	少々戻らないものがある	十分戻る　つけ汁は少々濁る	汁が醱酵して泡が浮く	――	――	
B 0.8　％	同　上	しわなしつけ汁はきれい	――	――	――	20時間以後は実験は行わない
C 5　％	同　上	同　上	醱酵して汁がわく	――	――	
D 20　％	一部の豆以外戻らず	あまり変化なし	⅓量位の豆にしわがある	少々しわが残っている	完全には戻らない	汁は醱酵しなかった
E 25　％	同　上	同　上	同　上	同　上	同　上	塩分0.3％のしょうゆを加える
E 25　％	同　上	同　上	同　上	同　上	同　上	

煮上げてから出来たしわは、蜜に漬ければ時間と共に直ります。

というわけで、黒豆を三時間で煮る方法をまとめてみますと、先ず黒豆300ｇをよく洗って三倍の水、つまりカップ6杯の水に一晩漬け、次の日どんな鍋でも結構ですが砂糖200ｇと共に鍋に入れて強火にかけ、煮立ってきたら火を弱めて火加減が落ちついたところでざっとあくを取り、布蓋をし、上蓋はずらして乗せて煮上げますが、煮上がりに、しょうゆを大さじ1杯入れて出来上がりでございます。

焼物

焼きものの塩と味付

焼きものに塩味をつける、ということは、一つには身をしめて歯ごたえというか、口ざわりというか、程々の固さを出すためです。もう一つは、生臭みを取り除きます。塩気が滲み込んで肉質中の濃度の変化によって、中から水分がしみ出てまいりましてその水分中に血生臭い液がまじって表面に浮き出てきます。調味液に漬けてあった時は、液が濁る位に出てきます。そして当然身もしまるわけです。

もう一つは、旨さです。塩そのものの味と、塩味の相乗性による甘味の浮上と、脂気のしつこさの中和などの複雑な変化に伴い、この材料がこんなに旨さや甘さを持っていたのかと、見直す場合がある位です。

味付の方法にもいくつかありまして、直接材料に味付をしてそのまま焼き上げて食べる場合があります。

例えば塩焼きといわれる料理があります。切身の場合は薄塩で、姿の場合は切身の場合の約二倍ぐらいの塩をふって焼き、そのまま供しますが、皮が硬い川魚や、形をしっかり保ちたい時は、やや多めの塩をふって焼き上げます。この場合の塩の働きは、焦げすぎを防いでくれるのです。その塩をそっと落して更に合わせ酢や大根おろしを添えて塩梅をしながら食べます。ステーキの場合、脂がのっている時は、やや多めに塩をふり、ホースラディッシュやレモンの香料で味を整えております。

次に味付しないで、焼いてから調味する方法があります。例えばうなぎの蒲焼き、鉄板焼き、ジンギスカン料理、石焼き料理等です。この方法は材料の風味や味が十分に生かされる料理です。

こんな例を耳にし、実行してみました。ローストチキンをフランスではサラダ油でマリネーだけして焼き上げ、それから塩、こしょうをふって焼汁で食べると、鶏が軟らかく食べられるということを聞き、その方法で作って食べてみましたところ、私には大へんおいしく感じられました。ただ難を言えば、大変軟らかくおいしいが鶏臭いのです。従って鮮度の落ちた鶏や飼育の悪い鶏は、さけた方が無難です。

もう一つの方法は下味をつけてから焼き、更に調味液をつけて食べる場合です。この方法は一般的な焼きものとしての調理法で、味付が濃くならないように注意が必要です。特にハンバーグステーキのように、下味が肉全体にゆき渡ってしまうものは、味を濃くすると肉の旨味が負けてまずくなります。これにいくら無味のソースや大根おろしを添えても、おいしくはなりません。肉とソースを合わせて丁度よい味になるように加減しなければならないのです。しょうゆ味のソースで食べる時は肉の方を薄めに、トマトソースで食べる時は1％塩分位に……と加減します。酸味をきかせたソースは、塩を強くすると酸味が負けてまずいソースになりますから、肉の味付をしっかりつけます。

焼きものの味は、口の中に入った瞬間が一番感じ易いわけですから、表面は強く中は薄味か無味にしておくといいですね。しかも焼きものはやや濃い目の方がおいしく食べられますから、汁ものや煮ものよりは味付を濃くした方が良いのです。それは焼き焦げは苦味を持っておりますので、その苦味を感じさせないためです。

更にこの苦味を消すには、甘味を用いると相殺されて緩和され、身体にとっても焦げ味は刺激になりますので、その点を軟らげる為にも甘味を用いると良いのです。甘味は臭味消しや油っこいものにも良いですね。例えばみりん風味、鴨の中国風つるし焼きやオレンジソース、豚肉とパイナップル等、他にもたくさんあります。

軟らかい「蒸し焼き」

間接焼きと申しまして熱源直下でなく、ある物体を熱して、そこから発する熱で焼き上げますので、表面が焦げ過ぎて硬くなったり、乾き気味になったりしにくく、水分をたっぷり含んで軟らかく焼き上がる料理です。

材料に直接火が当らないので間接焼きと言うわけですが、鍋や天火のような金属性のもの、石や砂や灰のような土壌性のもの、又は竹や葉っぱや紙……というように広い範囲の間接道具が使われます。材料はその物体で包まれていて熱源に直接当りませんので水分が蒸発しにくく、水分を含んだまま軟らかく焼き上がりますが、焼き方を失敗してこの水分をこぼしてしまうと、焼きすぎのものより不味いものになります。旨味も一緒に出てしまうからです。小さな切身や挽肉や擂身《すり》は特に注意が必要です。

この方法で焼いて包丁を入れて切り分ける時は、焼き上がって熱いうちですと肉質の中では水分が組織から浮き出て来ておりますので、それを人肌ぐらいまで冷ます事によって水分を元の所に納めてから切り分けると、切り口に肉汁が流れ出にくくなるのです。熱くして食べたい時は、再度適温に温めて切り分けると多少よろしいようです。

焼いている途中で焼き上がったかどうかを確かめる時に串を刺しますが、肉汁が流れ出てしまわないように出来るだけ細串を使い、グサッと突き刺さず、中ほどで確かめる事、何度も刺さない事などと、小うるさく注意をしてほしいですね。

もう一つ、熱を含んだ物体が十分に熱されていないうちに材料をのせて焼き始めると、材料の表面に膜が出来ないで加熱されますので、肉質が徐々に縮んで水分がどんどん流れ出て、小さく小さくなってしまいます。そしてパサパサの焼物になり、硬くて不味いものになります。

焼き方を要約しますと、材料と火の間に使う道具を十分に熱する事、何回もひっくり返したり焼き加減を見すぎたりして、材料を崩さない事。肉汁の出方に注意する事です。包み焼きの場合は焼汁が外に流れ出にくいので、割合に蒸し焼きに適しておりますが、下手に焼きますと包みを開けた時、中から沢山の汁が出ることがあります。この場合は汁ごと食べるように致しますが、味はよくありません。

間接道具の熱し方は、急激な強火ではあまりよい結果が得られません。出来ましたら中火以下の火加減で、少し時間をかけて熱する方がいいのです。御飯の炊き方に、「始めチョロチョロ」と謡われた言葉の意味は、いきなり強火で熱すると釜が鳴る、と親に教えられた昔の人の知恵であります。含んだ熱、柔らかい熱と言われ、道具に十分含まれた熱が最良です。特に天火を使います時は正直に材料に現われます。

天火はいろいろな種類がありますが、一番原始的な、ガスが直接天火に引いてあって、上下に火がつく場合は、最低30分前、出来れば小一時間前に、下火の炎が1センチ高さ、上火が下火の半分位の炎の高さで熱して30分たちますと、普通の料理が出来ますので、高温にしたい時は材料を入れる間際に少し炎を強く致します。低温料理やお菓子の場合は、始めから炎をもっと小さくして温めなければなりません。

間接焼きならではの料理に包み焼きがあります。青竹焼きや杉板焼きのように木の香りを移したり、朴の葉や笹の葉、いちぢくの葉などと草木の葉っぱを使ったものや、材料の香りを外に逃さず、酒の香で蒸し焼きにする奉書焼きなど、季節感あふれた料理が数多くあります。

うまい料理「直火焼」の焼加減

もてなし料理の主役は、何と申しましても焼きものでございます。中でも直火焼きは最高です。材料の肉類や魚貝類も、焼いて材料自身の旨味を出す最高の条件の時を見はからって供します。

串に刺して、ほんのりと焦げ味がついたところに、塩又はしょうゆをかけて焼き上げて食べると、甘味を感じ得も言えぬ旨さになりますし、脂肪がのりかかる走りの物は、一息早めに焼き上げ、十分に脂肪がのったものは十分に焼き上げ、時には生身で食べられる牛肉や鰹をさっと焙って焦げ風味で焼いて食べるという工合に、材料の性質に合わせて焼き加減を色々に変えて料理を致します。

先ず、十分に加熱をする料理の説明から致します。肉質や内臓が寄生虫の中間宿主になっているもの、例えば川魚や豚肉、時には鶏肉のようなものは完全に100％の加熱をしないと、人体に移って人体が寄生虫の中間宿主となり、生命に危険が及ぶ時もあります。

また、海の魚でも内臓ごと食べる魚や、脂肪がのりきっている魚を焼く時も、十分に加熱した方が生臭みがなくておいしいですね。それからお弁当や正月料理のように保存料理の時も、十分に焼いた方が日持ちもし、生臭みも取れておいしくなります。

その焼き加減は強火の遠火と申しまして、火力は強く、魚は火から遠ざけて、火力をやや軟らげたところで焼き上げるのですが、これは炭火の場合の言葉ですから、熱源の火力に応じて火加減を行うことが大切です。

材料の面から申しますと、魚や肉の場合は始めは強めの火力で表面に焦げ膜を作り、次にやや遠火にして輻射熱を利用して十分に中まで火を通します。

焼き始めは材料の表面が乾き、焦げ目がつき、中心部に火が通り始めると表面の切り込みの部分や割れ目の間から水気が浮き始め、手でそっと触ってみますと、グツグツと音が伝わってまいります。肉質内部の繊維が加熱によって変性を起こし、水分が離れて浮き出てくるのです。手で押してみますと生の時のような弾力はなく、軟らかく砕けるような感じになります。

そうなってから表面に浮き出た水分が、やや乾き加減になるまで焼く、これが100％十分に焼く時の焼き加減ですが、決して焼き過ぎぬようにしなければなりません。それには普通の料理で、時間にして15分前後ですから、必らず火の傍について居なければいけません。

水分のように蒸発するものはよろしいのですが、脂肪分のように溶け出てきて火の上に垂れ落ちるものは、燃えて油煙になり、魚や肉が黒く煤けてしまいますので団扇《うちわ》で扇ぎながら焼く心遣いが必要です。

次に完全な焼時間でなく、一歩手前で焼き上げる場合をお話し致しましょう。昔風に言う九分通りの焼加減ですね。

それは魚の切身の場合で、白身の魚や、あまり脂肪ののっていないものに向きます。焼き過ぎると異常に縮んで硬くなったり、水分がなくなってパサつく場合や、魚にあまりクセのない場合に向いております。そのコツは、もう少し焼きたいところだがなあ……という所で焼き上げ、残りは余熱を利用して完全にもってゆくと、水分も程々に残って軟らかく旨味も残っておいしく焼き上がります。

肉質には80％～90％の水分が含まれており、しかもこの水分は肉繊維や結合組織や脂肪組織によってうまく保たれておりますが、加熱により肉質は変性を起し、水分を離してしまい、表面ににじみ出てまいります。澄んだ水分がにじみ出た頃合いを見計らって、タイミングよく火からおろします。

指先を肉質の表面にそっと当てますと、中ほどからグツグツという音が指先に伝わってきますので、その感触で加減を見たり、軽く押した硬さで見たり、鼻でおいしそうな香りを確かめたりして焼き上げます。

尤も、昨今のように養殖の魚やムレ肉と言われる過保護の獣鳥肉の場合は、自然のものに比べて水分も多めで結合組織が軟らかく、脂肪が多く、飼料が統一という条件のもとで育てられたものは少し手加減が違ってまいります。

下味をしっかりつけ、やや強めの火加減で手早く焼き上げ、100％の火の通りにするといかがでしょうか。

付け合わせ

付け合わせとは、主材料に対して付けられる材料で、副《そえ》であります。主材料に対して必然的なもの、主観的なもの、料理或いは食事全体の構成的な役目を致しております。

最近はこの付け合わせが見直されて、脚光を浴びてまいりました。それは付け合わせ本来の働きである、主材料に対して消化を助けたり、栄養の均衡を保ったり、又、特に私達の身体にとって蛋白性の食物の時は、異質の動物のものですから、人の身体に入ったとき色々な拒否反応が起ります。これを中和したり代謝を助けたりして拒否反応を防いでくれる重要な働きをしております。

突然変異原性という難しい言葉がありますが、一口に言って癌もその仲間で、これを打ち消してくれる成分が付け合わせに含まれており、それらが数多く解ってきておりますが、要するに料理で言えば、昔から行われている、焼魚に大根おろしや酢漬けの生姜を付けたり、厚焼き卵に大根おろしを付けたりする事なのです。こういう基本的な事を毎日の食事に採り入れておられるでしょうか？　料理学校で習った時や、料理の本を読んだ時は解っていても、実践の場である毎日の食事に採り入れなければ無意味なのです。

自分たちの先祖から伝わった食事に対してはまだしも、異国料理を採り入れる時は頭を働かせて、おいしい所だけを口にせず、その組み合わせが自分達の食事の仲間に入っても、うまく均衡がとれるかどうか、色んな角度からの検討が必要です。

この付け合わせは、一皿の上に主材料と共に盛り合わせをする場合と、別皿で組み合わせをする場合があります。材料や料理法によって一皿で間に合う場合はよろしいのですが肉料理のように、たくさんの付け合わせを必要とする場合は別皿にして、野菜料理として組み合わせをやらねばなりません。

又、肉質をそのまま口にしたり、焼いたり、揚げたりした時は、身体が拒否反応を起しやすいので、野菜自身の消化力を借りる意味で生野菜か、それに近い料理法で付け合わせをします。軟らかく煮込んだ料理には、軟らかく料理された野菜を付け合わせれば良いのです。

食べ方では、生肉で食べる場合は当りやすいので、それを防ぐために生野菜を必らず付けます。消化を助けたり虫を下したり、中和をしたりで、日本料理で剣《けん》、褄《つま》と言っているものです。消化を助ける大根、虫を下す山葵《わさび》、蓼《たで》はその代表的な材料です。

焼きもののように固い料理は、胃の中の滞在時間が長いので、早く消化をさせるために生野菜の持っている酵素を利用します。強い酸性食品の肉類には、野菜のアルカリ性成分で体調を整えることです。前にも述べましたように、軟らかく煮込んだ肉料理には、軟らかく煮込んだ野菜料理を付け合わせます。煮ものの項で書きましたが、軟らかく煮込んだ野菜は昔から身体を暖めると言われております。身体の血液の流れを良くして身体を暖めるわけで、血液が動くということで消化を良くすることにも繋がるのです。もちろん互いに中和も致します。

これ等を別の見地から言いますと、硬いものには硬い付け合わせ、軟らかいものには軟らかい付け合わせで、口の中での味の組み合わせをも考えれば良いのです。歯切れ、感触と言われる味ですね。

このような理に適った、本来の組み合わせによって作り上げられた食事は、食べている途中でも終えた後でも「おいしい」と感じます。満腹になっても小一時間もすれば胃の中はスッとして、あれ!! 何を食べたっけ？ と思うくらい良い気分です。食前酒に始まって、食後のデザートにまで組み合わせの心を配って作り上げる食事は楽しいものです。季節によって、食事を食べてもらう人によって、気分によって、いろいろ違った条件が生まれるのでやり甲斐があるのです。

付け合わせという言葉は仏語で garniture《ガルニチュール》、英語で garnishing《ガーニッシング》と言われ、日本料理では、あしらいという言葉がよく使われます。地方によっては日本そばに茹でた季節の野菜を添えて供する風習の所があります。これを糅《まし》、増《まし》と言っておりますが、やはり付け合わせの働きをしております。

日本料理では魚が主体であり、しかも小さめの魚や海遊魚が多いので、骨や腹腸《はらわた》ごと料理することが多い為に、付け合わせは割合に少なくてすみますが、西洋料理では獣鳥肉類が多いので大へん多く用いられます。

或る時私はウイーンで町の小さなレストラン風の食堂で昼食をしに入って、ウインナーシュニッツェルと言うカツレツを取りました。大変驚いたことに、カツレツに付け合わせが付いている外に、二皿も野菜料理が出ましてとても食べ切れず、残してしまったことがあります。定食だったのか、特別サービス品だったのかは解りませんが、肉の料理にこんなにたくさんの野菜が付いて驚いた経験をし、それ以後、肉料理の時は努めて野菜をたくさん取るように致しております。

余談ですが、日本料理の付け合わせに使う材料でいろんな料理に使われるものに大根がありますが、大根は〝当らない〟という言葉の代名詞に使われる位に刺身の剣として生魚に当らないように、或いは青身の魚の焼物や煮物に用いてジンマシンにならないように、と、生でよし、煮てよしと使われております。ごぼうも赤身の肉や川魚に同様によく使われております。

つまり、主材料を引き立てたり、全体の味をおいしくするには原則として淡色野菜を用いる方がよろしいのです。

にんじんやかぼちゃを煮合わせる時は、それぞれが引き立つ煮方に変えなければなりません。

揚物と蒸物

揚げものという料理

揚げものは本来が温かい料理です。煮ものでは出来ない高温での調理が出来るので、調理時間が短かくて、しかも材料の栄養素や旨味の損失が少なく、更に私達の身体に必須の栄養素である脂肪酸も補える、すばらしい料理であります。

しかし、高温で短時間という条件には悪い点も多くあります。それは動物性の材料は中心部まで完全に加熱しようとして、油の温度を上げたり時間を長くしたりすると、表面が硬くなったり或いは焦げたりしやすいので、中心部の加熱は程々にして表面の状態を基準にして揚げ工合を決めるのです。このため、揚げたてを食べるには問題がありませんが冷めてから食べる場合には食中毒の危険があります。従って冷めるまでの条件が重要なのです。

例えばカキフライのように、材料の中心温度をあまり上げず温まる程で、衣がカリッとした状態に揚げるものは、決して時間を経てからは食べないことです。中心温度があまり高くならないということは、もし中に細菌が付着している場合には死滅しないわけで、少なくとも中心温度を60度以上にしなければなりません。それには割合時間を要します。中心温度がぬるい状態で自然に冷めるまで置いた場合、外側の温度は高温なので中の細菌にとっては丁度よい生活条件になり、おいしい料理の中でどんどん繁殖してしまいます。人様が食べる頃には致死量に達している場合も当然起るわけで、要するに食中毒です。食中毒とまでいかなくとも料理自身の腐敗にも結びつきますので、十分な注意が必要です。

そこで揚げもので注意をすることは、温かいうちに食べるということです。もし揚物料理を作り置きしたり、お弁当に持参したりする時はよく揚げにするか、むしろ揚げびたしにするのがよろしいですね。再び調味料で加熱する事は、材料の中心部まで十分に熱が通るし調味料により腐敗を防ぐことが出来ます。

南蛮漬にしたり、甘露煮にしたり、その他にも色々な方法があります。

それから揚げものでもう一つ注意してほしいことは、温度が高いため表面がどうしても硬くなりやすいので、消化時間が割合にかかります。それで消化を助けるために野菜や果物の付け合わせや、そのための料理を一品つけてほしいですね。出来れば生野菜か生に近い料理法の野菜です。

揚げものに向く材料は夏の旬のものが多いのです。夏の材料は油と相性がよく、日本料理の天麩羅《てんぷら》は夏料理として扱える位です。魚も野菜も揚げものに向くものが多い、それは完熟又は成長しきったものより、少し手前の未熟なもの、やや若めの、脂がのる一歩手前のもの、或いは熟する前の繊維の固めのものが油とよく合うからです。

例えば春に生まれた鶏も夏の頃は唐揚げに向きますし、魚もまだ脂肪がのっていないため、揚げものにするとおいしく、しかも骨まで食べられます。果菜類も根菜類も完熟の前ですから繊維がしっかりしていて、高温で料理してもグシャグシャしないんですね。

最近は栽培技術が発達したために一年中、揚げものに向く材料を手にすることが出来ます。それは促成栽培であり抑制栽培であって野菜にも魚にも言えることですが、味は一味違いますので色々と料理法を補わなければなりません。

季節々々に、揚げものに向く材料はもちろんありますが、選んで料理をしたいものです。動物性のものでは、脂がのり過ぎていたり水っぽいものは合いません。植物性のものでは繊維が固いものや、ホクホクした感じのでん粉質のものがよくて、あく成分には、注意を要するものがあります。

揚げものというのは、油脂がのり過ぎていると身がくずれたり、油切れが悪かったりしてカリッと揚がりにくいものなのです。例えば揚げドーナッツでも、生地に油を多く入れ過ぎると失敗の原因になります。

揚げシュークリームのように、生地が加熱されているものは別ですが……。もちろん、魚や肉も脂ののり過ぎは揚げものに向きません。また繊維が軟らかいものは揚げものに向かないという例として、ほうれん草を春菊のように天麩羅として料理することは出来ません。大根も人参のように天麩羅には出来ません。

その他に揚げものを料理の下処理又は仕上げの段階で行う場合もあります。これは、あくを抜く為、形を整える為、繊維の軟化、そして油脂の旨味を補うという多くの効用があります。これらは中国料理の独特の技法であります。

卵を使った蒸しもの

卵を使った蒸し物には茶碗蒸し、卵豆腐、カスタードプディング等、卵の蒸し料理は数多くあります。それは卵の凝固力を土台にしてその力を更に相剰するものを加え、おいしい味を作り出した料理です。卵自身の凝固に、更に舌ざわりや弾力を増しておいしくするわけですが、それには色々なコツがあります。

取り敢えず茶碗蒸しで二、三の例を見てみましょう。

先ず、**卵の良さ**です。この良さとは、一般的な新鮮なものであることは、もちろんの事です。生まれて一～二日たった後の卵で、卵黄が盛り上がっているものがほしいですね。更に、殻から出してすぐ料理する事が一番大切です。絶対に割りおきはいけません。卵殻は卵の生命を守っている大切なものですから、殻から出た卵は死んでいくもの、つまり腐っていく事です。そして混ぜすぎぬことも大切です。混ぜすぎるとコシがなくなり、固まりにくくなるのです。しかし混ぜ方が足りなくてもアシがきれぬと申しまして、卵白がほぐれずに残ってしまい、その料理が凝固しにくくなりますので、泡を立てぬように静かに、よくほぐす事がコツです。

次には**用いる液体**が良いものであることです。おいしい煮出汁であり、スープであり、牛乳でありというわけです。日本風では煮出汁、例えば鰹節の煮出汁、煮干の煮出汁、化学調味料などが用いられ、中華風ではスープが用いられ、西洋風では牛乳又はスープが用いられます。このそれぞれの液体が持っている成分が、卵の凝固力に一役微妙な働きをしているのです。その成分はエキス分、簡単には旨味と言われているもので、水溶性のたん白質であり、糖質であり、無機物であって、しかも、この成分の濃厚なものほど、複雑なものほど固まりやすいわけです。

液体の違いで作りくらべをした事がありますが、スープや牛乳ではよく固まり、煮出汁はやや弾力が落ちました。更に煮出汁の鰹節、煮干、化学調味料は微妙な味の変化が見られますので、茶碗蒸しで作り較べたのを記してみましょう。

食べて一番おいしかったのが鰹節で、固まりやすかったのが煮干と化学調味料でした。鰹節の煮出汁の方が匙を入れた時、サクッと割れるというか、砕けるような感じで、浮き加減というか水っぽいという感じの軟らかさでした。これに対して煮干は弾力がありムッチリとスプーンですくえるという感じで、ちょっと濃厚な味わいです。化学調味料も煮干の煮出汁と似た状態に良く固まりました。鰹節は酸味系の旨味が強いということで、あっさりした、上品な味になりますが、煮出汁の取り方も大切です。

次に**塩加減**です。塩は卵の凝固、つまり変性に一役働いておりますので、入れることを忘れると失敗の原因にもなります。煮出汁の旨味をひきたて、卵の凝固力を助けて全体の味の仕立役者ですから、塩梅をしっかり守ることです。後から味を補うことが出来ませんので、卵と味付した煮出汁を合わせたところで味加減をして確かめます。

味加減は身体の体液の濃度位と言われ、0.8％前後の濃度ですが、塩加減は煮出汁の旨味成分の状態により微妙な違いがあり、また熱つ熱つを食べる時と冷鉢にして食べる時では味加減にも違いがあります。

カスタードプディングには砂糖が入りますが、この砂糖も卵の変性に一役働いているので、加熱温度を少し高くすることが出来るのです。そのため天火で蒸し焼きが出来ますので、蒸し器で蒸す時より卵の臭みが取れておいしくなります。

今まで述べました材料について、又、味付についてのほかに、何と申しましても**蒸し方**

が仕上げの重要な点でございます。卵自身が加熱によって変性を起すわけですが、その卵の中に煮出汁のような液体を混ぜ込み、卵が液体を包み込むわけですから、出来るだけ手早く卵汁を凝固させるのが蒸し方のポイントなのです。

それには先ず、周囲を強火で固めて形造ってから、やや火力を落して、中心部を加熱致します。その温度は80度位が理想なので、その温度を保つように用いる道具や熱源を考えて火力を調節するわけです。蒸す温度が90度以上になりますと卵に包み込んでいる水分がその水の性質により、気体になって蒸発してしまい、その後に穴があきます。この現象を鬆《す》立ちと言い、卵も固く、舌ざわりも悪くなっておいしくありません。

そこで砂糖を加えることにより卵に弾力が出て、水分を包み込む力が増し、95度位まで温度を上げることが出来ます。蒸す時間は大体はじめ強火で2～3分、火を弱めて10～20分位で出来上がります。始めから弱火であったり、火力の弱め方が弱火すぎたり致しますと卵を一気に固められません。徐々に温度が上がって固まった時は卵のコシ、つまり水を包み込む力がなくて固まらなくなります。これをコシ抜けと言われております。

卵を使った蒸しものは、案外簡単に手早く作り上げられる料理の一つです。むずかしい点もありますが、材料、分量、作り方を正しく守りますと、色々変化をつけた料理になり老若を問わず好まれる料理でしかも、温かい料理でも冷たい料理でも作れます。

何と申しましても卵は栄養の面では完全食品といわれる食品であり、どんな材料とでも相性よく合いますので、栄養満点の料理を作ることが出来ます。

献立の立て方

食事の大切さ

明日の生命を維持するには、今日の糧《かて》によって生命の源泉である身体を作り上げておかなければなりません。

毎日という小さな輪によって、一生という大きな連鎖が出来上がっておりますが、この小さな輪が食事であり食物なのです。この小さな輪が弱かったり輪を抜いたりすると、長く連なるうちにはその部分に歪が出来、突然大きな穴があいて崩れてしまいます。多少の歪のうちは直すことも出来ますが、崩れてしまうと大変な修理が必要になります。

食事の分量や取り方は後で述べることにして、生命の源泉である身体は、口から入った食物という材料を使って、工場（臓器）で燃焼をし、一秒たりとも休むことなく、丁度時計がゆるみ無く動いているのと同じようにこの工場はゆるみなく動き続けて、一生涯というすばらしい人間完成品をめざして動いているのです。

生命＝たん白質と言われているように、私達の身体（生命体）は全てがたん白質から出来ております。筋肉も骨格も内臓も、毛髪や爪もたん白質が固体状になったものであり、更に血液や体液もたん白質から出来上がっているのです。そして身体の隅々の現象を伝えたり、知恵を働かせる神経も良質のたん白質で作られております。

これ等のたん白質は、外から異質のたん白質を食事として取り入れて、私達の身体に合うたん白質に変えて使用しなくてはならないのです。自分の身体の一部を利用することは出来ません。

次に私たちが運動をしたり、身体を作り上げたり、知恵を働かせるためにはエネルギーが必要です。これには、でん粉質（糖質）の食品と油脂類を取らねばなりません。このでん粉質は、程々ですといいのですが、取り過ぎると身体に蓄積されたり身体の機能が崩れて病気になってしまいます。逆に不足した場合は、蛋白源（身体の一部分）を利用してしまいますので、これまた、身体の機能が崩れて病気になります。やや貯えを持っているのがよろしいのです。

この、ややの貯えは人によって違います。本能的にエネルギーを貯蔵する働きがあって例えば肥り過ぎたので体重を減らしていると、始めは余分なエネルギー源（貯蔵脂肪）は減るが、ある体重に減ってからは筋肉が減っていくそうです。これは自分の力ではどうすることも出来ない機能で、本能です。肥るのがいやだ、と、体重をむやみに減らすことは時には命取りになりかねません。

次に身体を作ったり、補修をしたり、身体の機能の調節をしてくれる栄養素を含んだ食品を取らなければなりません。その食品は野菜、果物、海藻、茸類などで、その栄養素はビタミン類、ミネラル（灰分）、繊維等で、これらの栄養素のすばらしい働きぶりが、最近見直されてきて、色々な病気に効くと言われております。

以上のたん白質、糖質、脂質、ビタミン、ミネラルという五大栄養素をバランスよく毎日の食事に取り入れることが大切なのです。この食事をどのように取ったらよいか次に書き綴ってみましょう。

食事の取り方

本来、動物には本能があって、その欲求に基いて色々な行動をしておりますが、自然界の廻り合わせ、動物としての生理機能に合わせての生活環境が出来ているのです。

しかし人には他の動物にない知恵や欲望があるため、本能が薄れ、後天的な経験に迷わされてしまい、その経験もよい方向づけになればよろしいのですが、どうも悪い方向づけになりやすいのであります。食事の本能とは、腹が減ったら食事を取る、欲しているものを取る、土より出ずるものを取る等と言われております。五行相生《ごぎょうあいしょう》と中国で言われている通り、私達の生存している生活環境を無視することは出来ません。自然をよく知って、特に自分の住んでいる環境をよく知って、自分の生活環境を作ってゆきたいものです。

そこで現実的に一体どのように食事を取ったらよいかを見てみたいと思います。

ある先生から、食事が終った後30分位して「ああ、おいしかった」と思えた時が一番よい食事であると聞いています。食事の取り方のバランスが悪いと、水が欲しくなったり、物足りなかったり、胸の中に重く残っていて何時までもゲップが出て来たり致します。ゲップが出た時は、悪いものを食べたか組み合わせがよくなかったか、食べすぎた証拠なのです。

そこで分量は自分で判断するとして、大まかに一回の食事にはどんな食品をどのようなバランスで取ったらよいかをいくつかの条件別に書いてみようと思います。

食事のバランス

一日に二回又は三回の食事を取るのが普通の回数ですが、その適量と申しますか、必要量は一応一つの目安として厚生省から一日に必要な栄養所要量が定められ、食事の取り方が指摘されておりますので他の書物でご覧下さいませ。

これとは別に、次の三つの条件について書いてみようと思います。

㈠主食と主菜に対する野菜のバランス
㈡料理の組み合わせによるバランス
㈢味の組み合わせによるバランス

㈠主食と主菜に対する野菜のバランス

この条件が三つの中で一番重要なのです。どんな簡易食事でも、このバランスには頭を働かせて欲しいのです。俗に栄養のバランスを考えて食事をとりましょう、という時も、この㈠の条件なのです。例えば、アルカリ性食品と酸性食品のバランスが正にこれなのです。

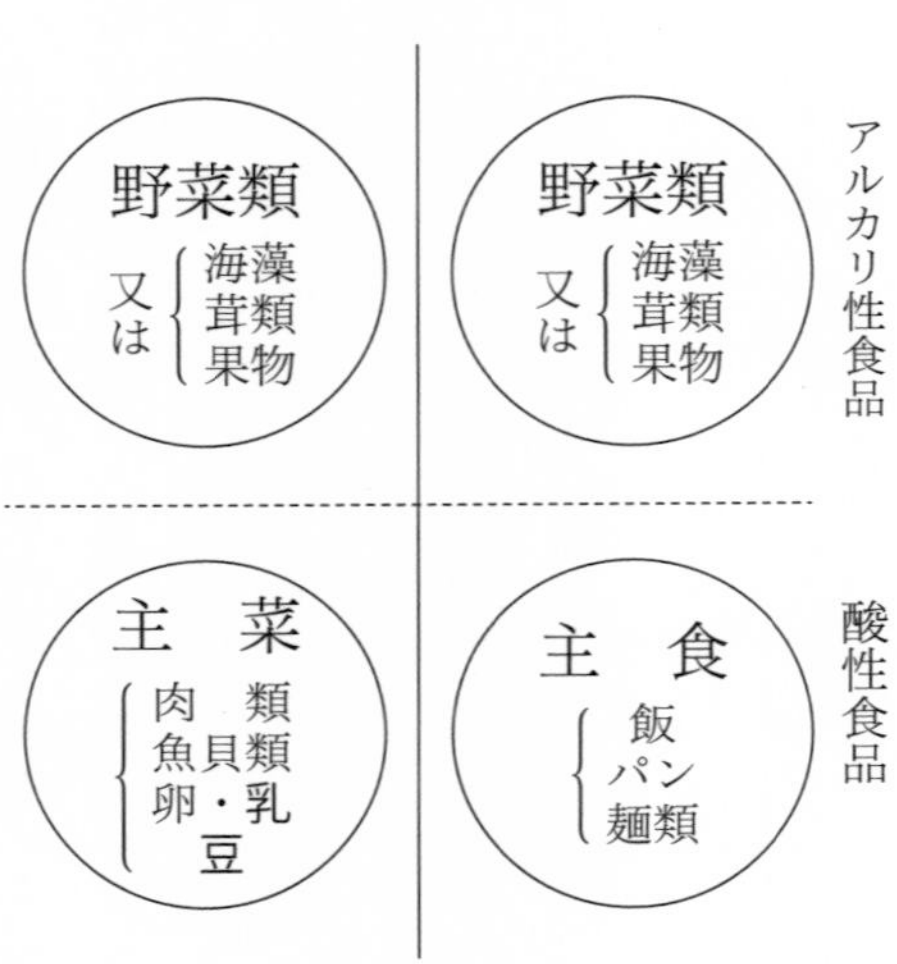

この条件を図解して分り易く説明をしてみましょう。細かい食品の分類では決してありませんが、大まかな分類で、一回の食事に対する目安としてであります。

右の図でお解りになると思いますが、野菜は、主食の分量（分量は自分に合わせたもの）と同じかそれ以上の分量が欲しく、更に主菜の分量と同じか或いはそれ以上の分量の野菜が食事の中に取り入れられて欲しいのです。しかもこの二皿分に相当する野菜は、一皿分は生か、生に近い調理のもの（例えば漬物類や炒菜のようなもの）、もう一皿分は煮たものであって欲しいのです。

更に欲を言えば、片方の皿には緑黄色野菜、片方の皿には淡色野菜であれば、すばらしい組み合わせとなります。

要するにこの主食、主菜、野菜のバランスは、アルカリ性食品と酸性食品とのバランスになるのであって、身体の機能には両方の性質の食品が大切ですが、ややアルカリ性食品を多めに食べた方が、機能の調節としては働きやすいのです。

この野菜に匹敵する料理としては、付け合わせ（ガルニチュール）という言葉がありますが、料理としての付け合わせの約束（副菜、小付、箸休め等とも言われるもの）、献立としての付け合わせの約束もありますので、しっかりと覚えておきたいですね。

付け合わせはただ形式や装飾にとらわれているものではなく、身体のためということで出来上がったものなのです。これは料理に対しても献立に対しても同じ意味になります。

付け合わせの働きにもいろいろあって、例えば色彩りや盛付の変化、消化を助ける、口の中の生臭みを消す、味の引きしめ役、硬い歯切れと軟らかい歯切れ、舌ざわり等々、食事にとって重要な役割をしているのです。

さて、野菜の取り方についてこんな見方があります。つまり野菜の分類ですが、地面の中のものと上のものとに分け、更に葉もの、根もの、茎もの、実ものと、一つの献立の中にこの四つがうまく含まれているかどうかを確かめて献立を作るのです。この考え方も栄養のバランスに結びつきます。葉もの根ものはお解りになると思いますが、茎ものは山菜や海藻や茸類と思って頂ければよく、実のものは果物や茄子、トマト、瓜類、とうがらし類、莢《さや》類などです。強いて言えば花ものもよろしいと思いますが……。

この四種類すべてが揃わなくても、根ものと葉もの、つまり地面の中と上のものは、一回の食事の中に取り入れたいですね。例えば大根やかぶを根も葉も調理すれば、それでよろしいのです。そんなに難しい事ではないのですが、もし一回の食事では葉ものばかりである時は、一日の中でバランスを取ってもよろしいのです。或いは次の日にでも心がけたいですね。野菜だけの料理で食事をすることは、肉や魚だけの料理で食事をすることよりも、おいしく食べにくいので、むしろ主食や肉や魚を引き立てたり、主食や肉や魚があって野菜のおいしさを知ることが出来るので必ず取り入れましょう。

つまり、酸性食品と言われるものは、旨いものであって、ついつい食べすぎになりがちで、しかも身体の中に貯えられてしまい、時には困ることも起ります。その点、アルカリ性食品と言われているものは極端な食べ方はしにくい食品なのです。

㈡料理の組み合わせによるバランス

「一汁三菜」という料理の組み合わせがあります。この組み合わせは茶料理より生まれたもので、身体の事をよく考えられた合理的な組み合わせの基本のようなものです。

一汁三菜とは、一つの汁物と三つのお数の事を言いますが、その三つのお数つまりお菜は生《なま》物と煮物と焼物が組まれているのです。全く基本の組み合わせです。個々の項目で説明致しましたが、汁物は全体の食欲増進剤で、先ず血行を良くし、消化酵素の分泌もよくしますので、他の料理の喉《のど》の通りや消化がよくなります。煮物は料理自身の消化がよく、食品成分の原点がすぐ吸収されますので身体に入って反応が早く、身体がぽかぽかと暖かくなり易いのです。そして旨いものの代表である焼物は、料理中でも主菜であり、栄養面でも身体を作る蛋白性食品が主であります。この料理は、よく噛むことによって食べているという感覚を味わい、臓器への刺戟になって消化酵素の分泌を促しているのです。

焼物という料理は煮物より消化時間がかかりますので、胃の負担が重くなりがちです。

それを防ぐためには料理の組み合わせが必要で、同時に付け合わせも消化酵素を持った生野菜か、それに近い調理のものを用いております。

一汁三菜は違う調理法を組み合わせることによって食事に変化を与え、それに従って栄養のバランス、味覚のバランスを加味しております。さっぱりした料理、噛みしめる料理、喉越しの料理というように、上手に組まれた献立ですね。この他、一汁一飯もあれば数多くして三汁十一菜というものもありますが、一汁三菜は料理を飽きずに食べられ、また普段の食事としても丁度よい組み合わせではないでしょうか。

一汁一飯、一汁二菜という献立の時は、汁物を実だくさんにして、煮物を兼ねるようにし、飯は炊き込みや寿司や蒲焼風にして用いられます。煮物と焼物代りにさっぱりしたもの、例えば漬物もよろしいわけで、一汁三菜の省略型という献立です。

数が多くなった場合は、原則として同じ材料や調理法を二度使用することが出来ませんので、献立の立て方が難しくなります。食べる人の事を考えて献立が出来上がるのですから形式だけでは良い献立にならない事もあります。食べる人の好物ばかりを並べて数多くしても、飽きるのです。

そこで一汁三菜以上の場合、つまり料理が数多く供される場合は、食事の間《ま》と申しまして、味気のない汁物や料理を取り入れて、ほっと一息つかせる間を作っております。日本料理では箸洗い（小吸物）と言われる吸物が供され、西洋料理ではシャーベットが供されて一服するのです。中国料理では料理法や味付で変化をつけておりますが、やはり、途中でさっぱりと仕上げた料理をコックが作って献立の中に入れております。

献立は最後に出される甘味、つまりデザート、点心と呼ばれる料理も含めて一コースになっているのですから、この点も考慮に入れなければなりません。西洋料理のように、料理にはほとんど砂糖を使わず、食後に甘いデザートを少し頂くことにより、今まで食べた料理の消化を助ける働きも組入れております。甘味は血行をよく致しますので、上手に取り入れるとよいのです。日本料理や中国料理では、消化の悪い肉料理に比較的甘味を取り入れておりますので、食後の甘味は西洋料理のデザートほどの必要を感じないで、割合にさっぱりした甘さのものが供されます。

おいしい料理を腹一杯頂いて小一時間した時、まだゲップが出たり、腹が一杯という感じが残っているのは、よい食事の取り方ではありません。今、食べた食事のことを忘れて他のことに当たれるようでないと、よい食事の取り方とは言えません。

㈢味の組み合わせによるバランス

固いものと軟らかいものの判断をする歯切れ、熱い冷いの感触、甘味・酸味・鹹味・苦味の舌の味覚、形や色彩りの視覚等、食品以外の味わいも料理や献立にはなくてはならない味の組み合わせによるバランスです。

歯切れという感覚は食事の回数を積み重ねてゆくうちに、本能的に身体で判断するようになるものですが、小さい時ほど親が正しい食事をさせなければなりません。目を瞑って食べても、噛んでいるうちに、例え缶詰の筍でも筍だナ、とか、こんにゃくだナ、とか白菜だナ、とか解るものなのです。普段食べたくてもあまり食べられないものとか、大好物のものとかは歯当りで食欲が増してきます。

この歯切れをどのように現わしたらその料理にはよいか、つまり白菜や水煮の筍のように特別な風味や味わいがないものは、切り方次第で旨さの感じ方が違うのです。繊維に沿って切るか逆らって切るか、料理の目的に合わせて切らなければなりません。繊維の固い肉でも料理によっては繊維に沿って切る場合があるのです。

それから、温度によっても味の感じ方が違います。味付の極限の塩味も熱い、冷いでは大きな差が現われます。尤も、この温度の感じ方は個人差が大きく、俗に猫舌という表現がありますように、熱過ぎや冷過ぎが全く受けつけられない人ですね。私もその一人です。これは美味しいものを食べるためには、少し損を致しますね。

ついうっかり忘れてやらなかったり、解っていてやらないのが視覚の味、つまり心理的な味と言われるものです。

現代はテーブルコーディネイターという、雰囲気による味覚を研究している方が沢山おられますように食事をおいしく頂くためにはこの心理的な味も大切な要素です。家庭でも出来る限りの雰囲気作りをやりたいものですね。昔からの決められた形もありますでしょうが、ガラリと変わった作りにするのも良いと思います。自分達に合ったものを何時も意識していることですね。私も「ついうっかり」の組なので絶えずムチ打っておりますが、慣れとは大変な力を持ったものと痛感しております。食事という概念で親から子に伝えられた知識に、更に学者により考え出された栄養面を加味し、美的感覚もそなえて生活の中の必然性として自然に実行して行けるようにし、むしろ家族全員の一日の最高の出来事としたいものです。

砂糖の調理上の働き

㈠甘味を旨味に変える、隠し味として使う。

＊中華料理の炒め物の合わせ調味料には少量の砂糖を使い、味の円やかさを作り出す。

＊短時間の煮物の煮汁には砂糖、味醂を使うと素材の苦みを和らげて旨味が増す。

長時間の煮物の場合は野菜類の甘みを活かすには少量の砂糖は相乗効果で美味しくなりますが、味醂を使う場合は癖があるので、煮方により、注意が必要です。

＊酢の物の合わせ酢に砂糖、味醂を使うと酸味を和らげ、酸味の角が取れると言う。

㈡保水性の働きで、味がしっとりとした味わいになる。熱を吸収しやすいので、早く軟らかく煮える。

＊関西風鋤焼の煮方が然りです。牛肉の煮初めに砂糖を振りかけてから醤油を加えて煮上げる方法です。シチュー用の固い牛肉に砂糖5％以上を揉み込んで30分以上、一晩置いて煮込むと30分位で竹串が通り、後、野菜類を加えて煮ると美味しいシチューの出来上がりです。プロはステーキを焼くにも、スモークサーモンの仕込みにも砂糖の使用をするそうです。因みに握り寿司のサーモンも下ごしらえ（外国で）で砂糖をまぶして美味しくしてあるそうですよ。

＊黒豆の煮方も一晩水浸し、火にかける前に全砂糖を加えて煮ると、新しい豆は1時間30分で軟らかくなります。古くても3時間煮ると完成で、それ以上煮ても殆ど軟らかさが変わりません。水浸の時に砂糖を加えると煮あがりがねっとりした軟らかさになり難いです（豆が新しいと違いますが）。砂糖30％液が沸騰すると101度まで温度が上がり、圧力鍋で煮たと同じ効果があると教えて頂きました。

＊砂糖の脱水性は塩の脱水法と違って材料の身を締めたり、たん白質凝固の変化を起こさないので、身が締まり難いのです。

㈢脱水性の働きで、出来上がった料理の保存性を高めたり、材料の鮮度の蘇らせができる。

＊煮物のさっと煮でなくて時間を掛けて材料から出てきた水分を無くすまで煮る〝煮しめ〟は保存性が保たれます。煮しめ、金平、筑前煮、炒り煮等。

＊時間が経過した魚、つまり、鮮度が落ちて血合いが褐変し、生臭みが放たれるようになった生魚、鮮度の落ち易い鶏の胸肉に5％の砂糖をまぶして10分以上、一晩置くと、血合いの赤みが戻り、生臭みが取れます。洗って料理しますが、甘みの必要性が無い時は水に5分も晒すとほゞ甘味が抜けます。初めて教わった時は〝時鮭〟と言って初夏が旬の鱒（サクラマス）の塩焼き料理をする時の裏技ですよ、と板前から説明があり、食べました所、川鱒の癖が気にならず、美味しく食べられ、驚きました。近年はすし屋のサーモンの下処理やスモークサーモンの下ごしらえは当然として行われてお

ります。私は穴子の下処理にも行いますが、ぬめりも取れて美味しく煮えますよ。

＊果物、野菜類、豆類の砂糖漬けも同じ原理で作り上げますが、作る操作は一度に砂糖漬けには致しませんで、回数と言う手間を掛けて（濃度と言う原理を使う）ふっくらと仕上げます。

あとがき

昭和三十二年に赤堀先生の門を叩かせて頂いてから、赤堀の車輿に乗れるようにならねばならないという気持を持ち続けて時を過し、今日に至ってしまった私でございます。そんな私にしているものは、食物という、人に欠くべからざるもの、そのものなのです。

この食物は一度口にしたら、身体という生命の泉で、生命のために作り変えられてしまいます。しかもこの機能は何万年前の原始人も今もほとんど変わらない機能と言われております が、この神秘的な力に私は目を向けたと同時に、百年もの間料理教育を続けてこられた赤堀先生御一門のエネルギーとお人柄が私にはたまらない魅力でありました。

まだまだ駈出しでございますが、一つの節として、自分の頭の中でもやもやと絡んでいるものを書くことで次の勉強への踏石となればと願っております。

序文を頂きました赤堀栄養専門学校校長の赤堀全子先生、並びにご推薦文を頂戴致しました東京製菓学校校長の山本圭一先生には、心から深く感謝申し上げます。

カットをお願いした新井正江様は、昔、赤堀の同じ釜の飯を食べた先輩でありますが、料理の道よりも絵画の道に進まれた方で、今、その道で秀れた仕事をしておられます。私の本のために お骨折り頂きお礼を申し上げます。
また三月書房の吉川志都子さん、渡邊德子さんに大へんお世話になりました。皆々様のおかげと心から御礼申し上げます。

一九八三年五月

新装改訂版に際して

この道に入った頃の料理教室の鍋、釜、食器洗いは固形石鹸が主で、裏方の者が湯を沸かして石鹸液を作って受講生に食器洗い方をして頂く時代から始まって、二〜三年経って、中性洗剤が世に出没し始めて洗い物が楽になりました事、嬉しかったですね。冷蔵庫を始めとして家庭機器はどんどん便利になり、食品も調理済みの物から、インスタント料理時代になって主婦は楽になりました。

しかし、食べた料理の体中の働きは全くご先祖と変わらず、自然現象の働きでしか身体を作る事が出来ません。最近、気付けば料理作りの原点も改めて、美味しさは基本にある事に気付かされ、『味と料理の約束』（三月書房）の再出版を思い付きました。一九八三年に出版した時、日本図書館協会の選定図書としてのお墨付きも頂いている本です。

自然界で育んでいる生物（動物性　植物性）の命を頂戴しなければ人も健康な生命を作る事が出来ない事もテレビ映像、出版物から知りました。

便利も大切ですが、時には自然に目を向けた料理作りを発信しなければと気付き、基本料理作りをレシピーに一品は加えるようにし始め、旨い！　と声を頂くとホッと致します。旨い！　は身体が欲している栄養素ですから……。

料理は化学であり、物理である所からの目線で、基本調理の楽しさ、美味しさを理解して見ましょう。

今回の出版は突然にも関わらず、三月書房の渡邊徳子さんにお快くお受け頂き、大変お世話になりました。心からお礼申し上げます。

田口　道子

二〇二四年二月

著者紹介

田口　道子（たぐちみちこ）

一九三八年生。管理栄養士。専門は基礎料理研究。赤堀栄養専門学校（日本最古の学校）で三十一年間教鞭をとり、一九八八年九月退職後は東京都教育委員会、都内各区役所、保健所の講師。東京製菓学校講師。ミチクッキングの料理指導。朝日新聞の〝おそうざいのヒント〟筆稿。一九九二〜一九九六年まで「キューピー3分クッキング」に出演。

新装改訂版
味と料理の約束——失敗してつかむ料理の基本

一九八三年八月十五日初版発行
（一九八四年再版・一九八九年第三版）
二〇二四年四月二十五日新装改訂版発行

著　者　田口道子
発行者　渡邊德子
発行所　三月書房
〒101-0054 東京都千代田区神田錦町3-14-3神田錦町ビル202
電話・FAX　〇三―三二九一―三〇九一
振替東京〇〇一一〇―〇―五三二二五

印　刷　平河工業社
製　本　平河工業社

ISBN978-4-7826-0233-1